BLOCK CHAIN
FOR CONSORTIUM

DR. GAO'S OBSERVATION
OF BLOCK-CHAIN

回归常识

高博士区块链观察

高承实 著

中国发展出版社
CHINA DEVELOPMENT PRESS

图书在版编目（CIP）数据

回归常识：高博士区块链观察/高承实著．—北京：中国发展出版社，2019．11

ISBN 978-7-5177-1092-9

Ⅰ．①回…　Ⅱ．①高…　Ⅲ．①电子商务—支付方式—研究　Ⅳ．①F713．361．3

中国版本图书馆 CIP 数据核字（2019）第 262472 号

书　　名：回归常识：高博士区块链观察
著作责任者：高承实
责 任 编 辑：钟紫君
出 版 发 行：中国发展出版社
联 系 地 址：北京市西城区裕民东路 3 号 9 层　100029
标 准 书 号：ISBN 978-7-5177-1092-9
经　销　者：各地新华书店
印　刷　者：北京市密东印刷有限公司
开　　本：710mm×1000mm　1/16
印　　张：16
字　　数：220 千字
版　　次：2020 年 1 月第 1 版
印　　次：2020 年 1 月第 1 次印刷
定　　价：48．00 元

联 系 电 话：（010）68990535　68990692
购 书 热 线：（010）68990682　68990686
网 络 订 购：http：//zgfzcbs．tmall．com
网 购 电 话：（010）68990639　88333349
本 社 网 址：http：//www．develpress．com．cn
电 子 邮 件：10561295@qq．com

序　一

基于可信计算技术构建的安全可信保障体系是区块链健康发展的保证

沈昌祥
中国工程院院士
国家信息化专家咨询委员会委员

经过几年的发展，区块链技术的应用已逐渐延伸到数字金融、物联网、智能制造、供应链管理、数字资产交易等多个领域。作为多种技术集成的区块链架构，在新的技术革新和产业变革中发挥着越来越重要的作用。

但区块链本身是一种颠覆性的技术，其去中心、去第三方信任、系统集体维护等特性，在促进数据共享、优化业务流程、降低运营成本、提升协同效率、建设可信体系等方面发挥作用的同时，也给现有的网络和信息安全带来了新的风险。

2019 年 10 月 24 日，在中共中央政治局就区块链技术发展现状和趋势的第十八次集体学习时，习近平总书记强调，“要加强对区块链技术的引导和规范，加强对区块链安全风险的研究和分析”，“要探索建立适应区块链技术机制的安全保障体系”，推动区块链安全有序发展。

与通常的理解不同，区块链本身并不解决安全问题，与其他重要信息系统一样，区块链系统也面临着同样的安全问题。2010 年 8 月，曾发生利用整数溢出漏洞凭空造出了 1840 亿个比特币的事件。2016 年 5 月，数字自治组织DAO（风投基金、区块链创业者技术开发社区、去中心的基金）因发现有漏洞（9个）而失败。最近席卷全球的勒索病毒对区块链也是极大的威胁。

未来随着区块链应用的大量落地，区块链对人类社会生产生活渗入的程度也会越来越深，区块链的作用也会越来越大。与之相应的，大量智能合约的应用以及更加复杂的区块链业务逻辑的展开，区块链信息系统以及相关的业务面临的安全问题将会越来越多，安全问题也会越来越复杂，与之相应的后果也会越来越严重。

区块链的安全与其他重要信息系统等同。从业务应用信息安全角度，要求交易有效、达成共识；从系统服务资源安全角度，要求数据不能被篡改，服务不能被中断。为使计算资源系统服务可信，要求区块链计算过程不被恶意干扰，主动免疫防止恶意攻击。为保证交易数据可控，要求区块链数据能够安全可信存储与传输。为达到交易过程可管控目的，要求交易过程真实可信，不可伪造，可信共管。

为此，可信系统管理平台要为可信的硬件、软件和安全策略提供度量基准值，安全服务商要为区块链计算环境提供可信保障策略。大量的区块链计算节点须向区块链审计平台提供可信报告，审计平台根据可信报告确定区块链的异常情况，及时处理。只有基于可信计算技术构建出安全可信的保障体系才能保证区块链健康发展。

作为建立在信息系统之上的一种独特架构，区块链系统和区块链应用脱离不了技术上的支持，也必然受到技术发展水平的局限。利用主动免疫可信计算技术保护区块链系统，是解决区块链系统安全的必由之路，也是区块链系统更好地发挥作用的基本前提。本书在探究区块链本质属性的同时，对此有清醒的认识和透彻的分析。

2020年1月

序　二

没有常识就没有共识

——认知区块链常识是实践区块链的前提

朱嘉明
经济学家
数字资产研究院（CIDA）创建人

2019入冬以来的中国，天气变冷，与区块链概念相关的各类活动，从研讨会、培训到区块链项目的开发，却呈现持续升温的状态，即使用“热火朝天”描述也不为过。在这样的大背景下，更需要用科学和理性精神审视区块链底层技术构架、历史沿革以及区块链在经济——特别是在货币金融领域的实践。非常值得庆幸，高承实博士基于自己对区块链技术和应用的参与、经验和观察，撰写《回归常识》一书，以区块链技术基础原理、区块链对现代产业的影响模式以及区块链与数字资产和数字货币的关系为主线，试图呈现和说明在过去十年人们关于区块链所关心和困惑的基本问题。按照高承实博士的书名，这些基本问题，应该属于理解区块链体系的“常识”。

那么，《回归常识》究竟了提出了哪些“常识”问题呢？

1. 区块链的本质。区块链首先是一个“系统”，区块链也是“分布式数据存储、点对点传输、共识机制、加密算法等计算机技术的新型应用模式”。区块链的本质可以概括为：通过数据的全网一致性分发和冗余存储，实现数据的公开透明和不可篡改，在系统层面降低了信息不对称，使业务流程可以基于新的信息获取能力实现重构。并且在信息系统去中心化的同时，通过构建业务系统的去中心化和业务流程的去中介化，实现总体效率的提升和利益的重新分配。

2. 区块链“去中心化”的内涵。“人类社会发展几千年，从来不存在完全的无中心状态，也从来不存在完全的中心化状态”。区块链的“去中心”仅仅包含两个层面：其一，基于数据占有层面，区块链系统要去掉原来系统中的数据中心或数据管理中心；其二，基于业务流程层面，在实现数据共享并重构了业务流程之后，那些不再被需要的原来中心化的业务环节和业务节点也要被去掉。所以，“区块链的去中心化，与基于业务发展需要的技术和管理上的引导、规范和治理并不矛盾，两者都是在新的技术架构和新的业务架构上，在更宏大的意义上进一步提高效率，让区块链更好地成为服务于人类社会的生产生活不可或缺的手段和工具”。

3. 区块链与“链改”的关系。区块链技术的发展与应用，最终都要落实到所谓的“链改”，“从狭义的角度上讲，链改是指用区块链的理念和技术，对现有产业的业务流程和社会组织治理机制进行改造”，“对本已固化的业务结构和利益结构进行的重构”，而不是“在现有的业务流程和治理机制上叠加一些新的技术手段”。具体地说，“链改”是在数据占有对等基础上，将原来基于信息不对称基础上建立起来的中心化的业务流程，改造为业务系统的去中心化和业务流程的去中介化的过程。通过“链改”，原本经济或社会系统因为去中介化，不仅实现更高效率，而且将原来业务流程中的中心节点和中介环节占有的利润进行重新分配。至于“链改”的主体，就是接受以区块链技术改造经济组织和社会组织的个人和机构。到目前为止，虽然“链改”成功案例极为有限，但是，并不因此否定“链改”的方向。

4. 公有链、联盟链和私有链的比较。作者认为：公有链、联盟链和私有链，主要是从系统面向的用户对象类型来区分的。进而对公有链、联盟链和私有链做了比较。之后，作者提出：“公有链也不可能是未来区块链应用的主流”，其原因是“公有链的完全开放性，使得公有链系统中不同用户之间的信任关系也极弱，甚至没有信任关系，因此需要依靠更多的规则、协议和代码来建立最基本的信任关系，以维护系统的正常运行。因此，很多需要强信任关系的业务合作，在公有链上很难开展”。而“联盟链将成为未来区块链业务应用的主导”，因为“只有联盟链，通过审批以建立强信任关系，再通过线上数据共享，生成更多的凭证数据和对等信息，在此基础上精简业务流程，减少中间环节，真正改变经济流程和社会治理的业务逻辑和底层架构，以推动整个社会的经济效率提升和社会治理结构改变”。

5. “通证”在区块链系统中的作用。“通证曾被认为是区块链系统的灵魂，是区块链系统中不同主体所拥有权益的承载”。“在区块链系统中，通证不仅仅是权益证明，通证还是区块链系统中每个个体责、权、利等核心价值的统一承载体”。这样的说法和认知是成立的，但是，却不能反映区块链和通证的全部关系。因为，即使在区块链系统形成的早期，已经存在无币区块链的运行，也就是没有通证的区块链系统，而“这类系统以联盟链为主”。对于私有链而言，“可以有通证，也可以没有通证”。可以肯定，通证相对于区块链系统，存在着不可逾越的局限性，也就是存在通证设计的边界。例如，“在价格理论不起作用的地方，通证往往无能为力”；“在知识经济时代作为主要生产资料的数据方面，由于具有广泛的可分享性，且其边际成本为零，数据分享在通证设计上如何体现和度量，至少在目前没有好的方案”。

6. 区块链作为“产业”的特征。区块链是一种技术系统，区块链也可以被视为一种“产业”。“区块链自身的产业化是必然的发展方向”。但是，在现阶段很难形成对区块链行业定义的共识。这是因为，区块链正处于形成产业的早期阶段，不同的人站在不同的角度对区块链产业有不同的解读和预期，区块链的落地应用始终非常困难。但是，区块链应是后工业化时代的产物，涉及领域或潜在涉及领域众多，对世界经济和社会形态影响的前景正在逐渐清晰。一旦区块链构成新型的产业体系，对现行的经济制度和产业结构，从微观到宏观的影响都将是革命性的。

7. 区块链和数字经济。“数字经济的前提是经济的数字化。从大的方面来讲，经济数字化一方面是经济内容的数字化；另一方面是数字基础设施的建设”。技术是实现经济数字化的手段，不论是大数据，按需提供数据存储功能的云计算、边缘计算和IPFS，以及AI，都可以在经济数字化过程中扮演着不同的角色，唯有区块链具有综合上述技术的张力，成为“区块链是校正经济数字化进程的关键性底层技术架构”。进一步说，数字经济不仅仅是数字化的经济，还包括与数字化的经济相匹配的组织结构、业务流程、制度体制的重构，区块链技术和所支持的“链改”有助于实现这样的目标。

8. 区块链对于算力行业的意义。本书以BOINC（Berkeley Open Infrastructure for Network Computing）的案例，探讨区块链对于算力行业的意义。BOINC是由加州大学伯克利分校计算机系于2002年开发上线的大型分布式计算系统，BOINC旨在将全球各地大量个人电脑及智能设备的闲置算力，提供给运行计算密集型应用的研究者，优化计算资源配置效率，已经应用于数学、医学、天文学、气象学等其他领域，是当前全球最大的网络计算平台。“截至2019年3月，BOINC在全世界有超过400万注册用户，每天约6万台活跃的计算机以及约30 PFLOPS（每秒所执行的浮点运算次数）的显卡实时运算能力，该算力相当于世界排名第五的超级计算机，BOINC同时也是分布式计算领域最为人熟知的开源项目之一。”2019年8月4日，BOINC发布《算力地球白皮书》，计划通过下一代分布式云计算的基础设施改造，优化计算资源分配。也就是说，通过区块链改造，或者区块链的“加持”，实现算力行业与区块链技术的进一步融合，突破人类生产生活中的计算资源瓶颈，甚至还有可能重新改写“算力”的内涵，拓展“算力”概念的外延，并将完全基于志愿行为的计算能力聚合平台，通过使社会上更多的闲置计算资源获得更加充分的利用，转变为基于商业逻辑的算力聚合平台。这除了使BOINC获得更大的发展外，“结合了区块链和通证经济的算力，将成为推动人类文明进程的革命力量”。只是，《算力地球白皮书》似乎“只是对原有基于志愿基础上的算力贡献进行了通证化处理，在技术层面针对BOINC的算力分配和调度进行了优化”，至于BOINC最终的通证化改造是否可行，能否成功，有待进一步观察。

9. 区块链和数字货币。比特币是基于区块链的数字货币试验。如何评价比特币？本书的观点是：“目前的比特币由于其共识破裂导致价值下跌，已经完全改变了其发行初衷”。“‘比特币’固定上限的设计，人为地制造了稀缺”。稳定币，不仅是一种信用媒介，即债权，也可能具有股权的性质。“稳定币可随时赎回变现是投资者关心的问题”。问题是，稳定币在发行方式、稳定机制、投资方面都存在显性和隐性的缺陷。当然，解决数字货币的安全问题，始终是最有挑战的课题。不仅如此，“基于区块链技术的数字货币和资产数字化”，特别是数字资产和货币的交易，势必推动完善政府相关监管，也将推动相关法律体系的调整。

10. 区块链技术的局限性。在短期内，区块链很难实现技术难点的根本突破；还需要汲取区块链的思维，与其他技术进行有机融合，寻找相应的落地场景。从纯技术角度，区块链在数据的获取与处理方面，如何实现与大数据、物联网的深度融合，特别是区块链如何在人工智能挖掘各种数据背后隐藏的相关关系的基础上，既能实现数据的透明和不可篡改，又能为数据服务人类生产生活增加新的维度，还需要从基础科学，应用技术等方面开展研究和试验。所以，那种以为区块链的“上半场”

已经结束，现在开始进入“下半场”的说法，反映的是对区块链技术体系复杂性基本认识的缺乏。

最近几年来，关于区块链的书籍很多，但是更多的是描述区块链的技术原理，内容的重复部分比重过大。加之以区块链技术为中心的相关领域拓展很快，导致大部分区块链的书籍难以维系稳定的读者群体。高承实博士的《回归常识》一书，没有以区块链的技术原理为重心，而是置区块链技术于区块链复杂系统之中，向读者展现的区块链发展和应用过程中的各类问题，有理论，有分析，有实际案例，所以更像一本即时性的区块链认知手册。还要指出，作者对区块链的认识超越了技术和经济层面，多处提出区块链引发深刻的社会变革，导致经济和社会组织的权力结构和利益结构的改变，甚至人类社会的进步。所以，区块链背后有着“革命”含义。作者所有这些探讨、尝试和努力都值得肯定。

当然，这本书的章节结构的内在逻辑不够严谨，书中内容论述既有重复之处，也有根据不足之处。对于诸如“公有链”的暗淡前途的判断以及对“比特币”的“共识破裂”和属于“通缩类型”设计的结论，似乎缺乏更有说服力的阐述。

在中国，需要更多像高承实博士这样既有理工科训练，又能够实践和著书立说的人。中国正在进入需要全方位科学教育普及的时代，区块链不仅在当下，在可以预见的未来还会继续是一个引人关注的课题。因为，在人类近现代科学技术历史上，还没有一种技术像区块链这样涉及到如此多的学科，具有如此强烈的复杂性、系统性和集群性特征，显现有如此之大的潜力和张力，为人们提供对制度转型的丰富想象空间。

2020 年 1 月

目录

内容提要

1. 区块链的作用

区块链通过数据的全网一致性分发和冗余存储，极大地降低了信息不对称性，使得所有节点具有了基于数据对等基础上的业务自组织权力和业务自组织能力。

2. 链改

链改是在数据占有对等基础上，将原来基于信息不对称基础上建立起来的中心化的业务流程，改造为业务系统的去中心化和业务流程的去中介化的过程。

链改后的系统较链改前的系统，其优势在于，一是通过去中介化在整体上实现了更高的效率，二是将原来业务流程中的中心节点和中介环节占有的利润进行了重新分配。

链改不是一蹴而就的事情，而是一个永远持续的过程。无论是基于权力，还是基于利益，数据占有方（原有系统的中心节点），都不会自动放弃数据的独家占有权。这个过程中原来不占有数据的节点将会不断抗争，独家占有数据的节点将会不断妥协。即使是原来的数据占有方完全放弃了数据的独家占有权，但基于对数据的理解和认知能力，也不是所有节点就立刻拥有了对数据的理解和使用能力。因此，链改行为也不可能完全去掉原有系统的所有中介。

3. 公有链

公有链是面向任意主体的非准许链。任何人任何时候都可以进入公有链系统，也可以在任何时候退出公有链系统，并不需要任何人或任何节点的批准或同意。

公有链所承载的业务一般直接面向最终消费者，在陌生人之间不可能建立起很长的业务链条，也就极少有中介环节的存在。因此，基于公有链所能开展的链改，更多是基于通证经济对社群进行激励，实现社群裂变。本质上还是互联网营销的玩法。

公有链由于其非准许特性，仅靠区块链的技术手段，难以建立起强信任关系。因此，很多重量级应用不可能在公有链上运行。

4. 联盟链

联盟链是面向多业务主体的准许链。

因为面向多业务主体，那么联盟链可以与具体应用场景结合，并构建出业务链条较长的业务应用，这种业务形态自然会存在较多的中心环节和中介环节。

同时，联盟链也可以通过线下对参与节点的认证和批准，再加上对区块链上记载的行为确认，建立起比较强的信任关系，承载一些重量级应用。

链改的主体必然是联盟链。

5. 去信任

区块链的去信任，严格说是去第三方信任，即通过技术手段，实现了不需要第三方作信任背书的信任。但这种信任，是基于区块链技术已记录在链上的数据信任，以及对基于智能合约的行为的可预期。区块链并不能解决针对主体的信任。

BLOCK CHAIN
FOR CONSORTIUM
DR. GAO'S OBSERVATION
OF BLOCK-CHAIN

第一部分

区块链本质探源

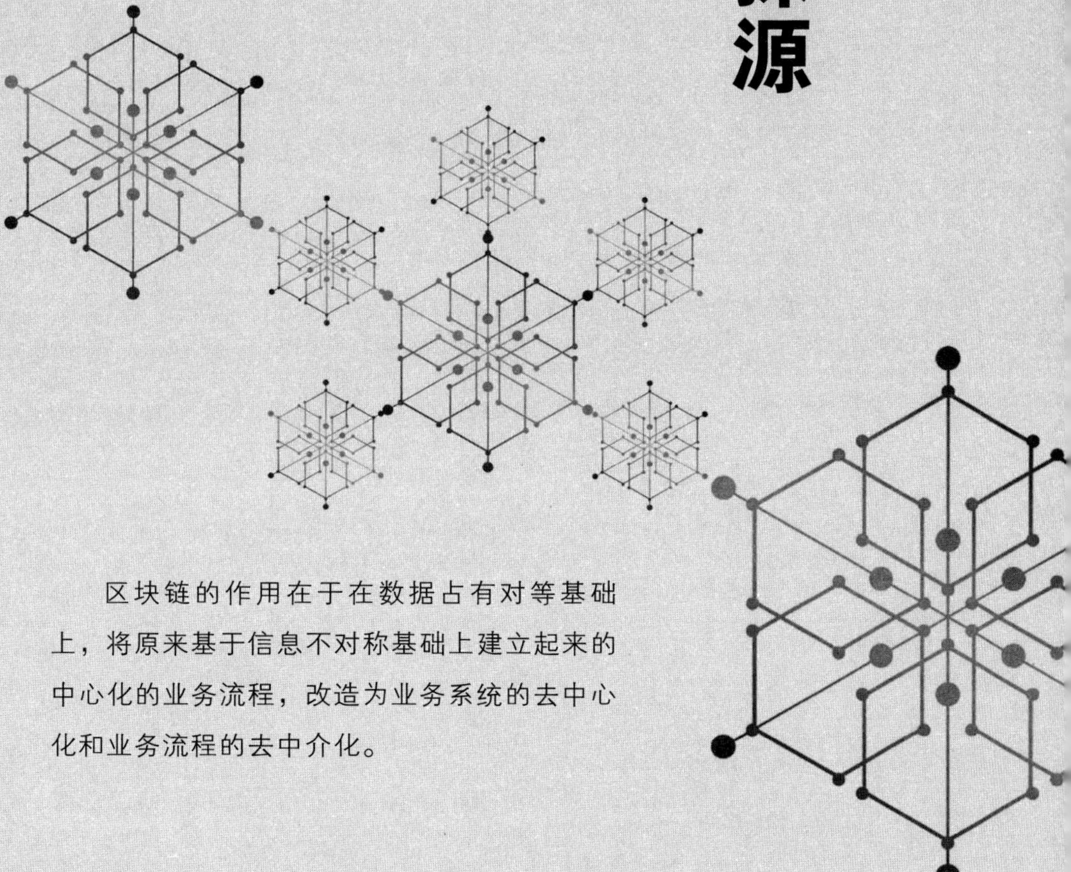

区块链的作用在于在数据占有对等基础上，将原来基于信息不对称基础上建立起来的中心化的业务流程，改造为业务系统的去中心化和业务流程的去中介化。

一

区块链技术基础

（一）区块链的形象表示

2008 年，一位化名为中本聪的人发表了一篇名为《比特币：一种点对点的电子现金系统》的旷世论文，创造出了比特币这种虚拟货币系统，其底层技术就是区块链技术。区块链技术实现了比特币的挖矿与交易，是构建比特币数据结构与交易信息加密传输的基础技术。

我们以比特币系统为例，做了一个简单的区块链展示，如图 1－1 所示。区块链系统中的每一个节点都是一台单独的计算机，每一个区块都是

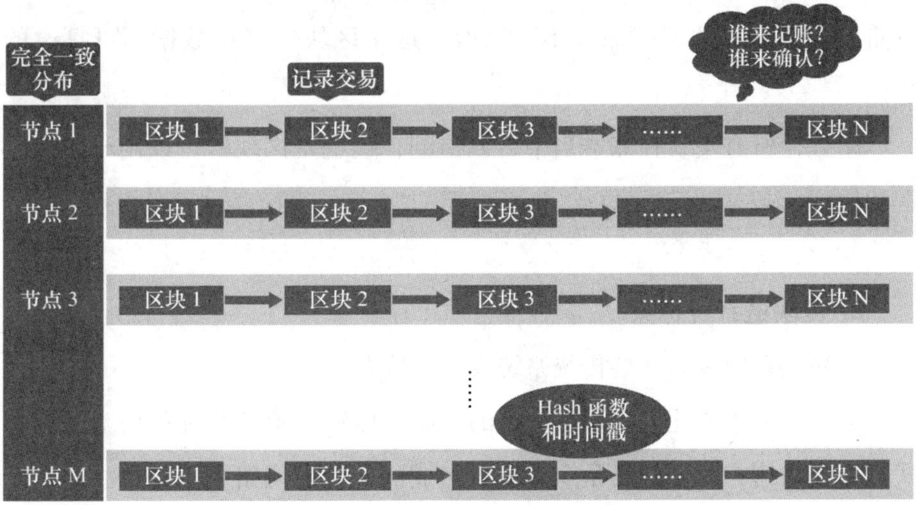

图 1－1　区块链的形象表示

计算机上的一个存储空间，每个区块上记录的是一段时间之内的交易记录。区块与区块之间通过时间戳和哈希函数保证相关节点上存储的记录数据不可被篡改。区块链系统将交易记录数据通过点到点网络，也就是P2P对等网分发存储在全网相关节点上，这样就做到全网一致性冗余分发存储，保证数据的全网一致性。

总的来看，区块链将交易记录数据通过P2P对等网分发存储在相关节点上，并通过时间戳和数学算法哈希函数保证相关节点上存储的记录数据完全一致，从而可以解决传统中心方式下中心节点失效、存储的记录数据被篡改、其他节点对中心节点信任不足等问题。

1. 区块链的形象表示解读

一个区块链系统通常可理解为以下几个基本方面。

第一，区块链是一个分布式的链接账本，每个账本就是一个区块。

第二，区块链系统是基于分布式的共识算法来决定记账的。

第三，账本内的交易由密码学签名和哈希算法保证不可篡改。

第四，账本按共识算法确定的规则链接，当前账本含有上一个账本的哈希值，账本间的链接保证不可篡改。这是区块链系统数据不可篡改的原因。

第五，所有交易在账本当中可以追溯，这也是区块链可以用于防伪溯源的原因。

2. 区块链系统特点

区块链系统具有一些传统系统没有的特点。

第一，去中心化。区块链数据的存储、传输、验证等过程均基于分布式的系统结构，整个网络是众多节点组成的端到端网络，不存在中心化设备和管理机构，任一节点停止工作都不会影响系统整体的运作。在具体落地实践的过程中，区块链系统中没有中心节点，或有比较少的中心节点，或根据不同任务情况有多个中心结点，也就是去中心化、弱中心化，或多中心化。

第二，去信任。区块链系统中，所有节点通过数字签名进行验证，无需第三方认证也可交易。简单说是指区块链系统运行的过程，没有第三方作信任担保，只靠大家的认可和认证。实现了去第三方信任情况下的系统可靠运行。

第三，集体维护。区块链系统中的数据块由整个系统中所有具有记账功能的节点来共同维护，任一节点的损坏或失去都不会影响整个系统的运作。区块链系统没有管理中心一类的机构存在，集体维护特点使其具有极好的系统稳定性。

第四，不可篡改和伪造。区块链系统上的数据是不可篡改不可伪造的，一旦有数据被篡改或伪造，立刻就可以通过上面的哈希函数在技术上被发现。同时这也破坏了数据的全网一致性，进而这种数据篡改得不到其他节点的认可，也会失去大家的认可，从而使得这种篡改无效。也就是说，区块链系统中的个别节点的数据修改无法影响其他节点的数据库，除非能使得系统中达到一定限额的节点数据同步修改。

第五，可溯源。区块链系统的数据具有可溯源性，我们可以从任何一个时间节点，通过密码学方法与相邻两个区块串联，借助区块链的链条，反向寻找这个数据的前世今生。

（二）区块链技术基座

区块链不是单一的内容，而是集技术、经济、金融、社会组织治理和哲学思维等诸多内容于一体的复合体。因此，它不可能像云计算、大数据、人工智能、物联网一样，可以用较简洁的语言清晰地表达出来。

即使是在技术层面，区块链也不是单一的技术，而是包含了非对称密码、哈希函数、P2P 对等网、安全多方计算等多种技术的有机组合。区块链是建立在这些底层技术基础上的全网一致性冗余分布式账本，即这些技术被组合在一起而被赋予了新的功能，进而发现了新的应用空间。

1. 非对称密码算法

非对称密码算法指的是存在一对数学相关的密钥，使用其中一个密钥进行加密的数据信息，只有使用另一个密钥才能对该信息进行解密。这对密钥中，对外公开的密钥叫作公钥，不公开的密钥就叫作私钥。如图 1－2 所示。图 1－2 中的公钥和私钥的位置也是可换的。打个比方来说，公钥就像银行的账户，私钥就像是该账户的密码或者账户所有者的签名。

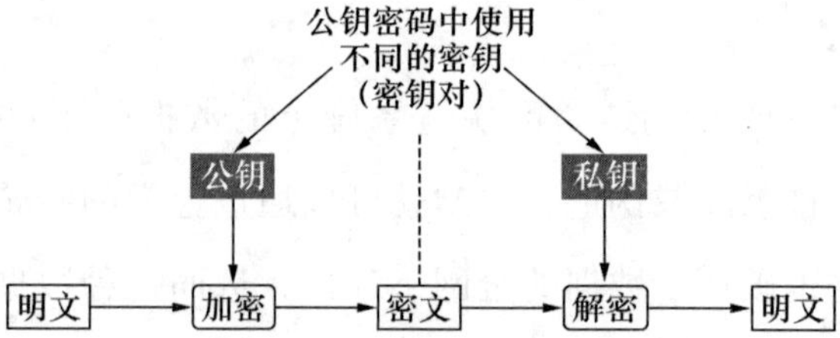

图 1－2 非对称密码使用示意图

如果 A 给 B 发送秘密信息，A 只需要用 B 的公开密钥加密发送即可。只有 B 才有合法的私钥把这个秘密解开。这一过程不像传统对称加密算法，在进行秘密信息传输之前，需要通信双方对通信加解密的密钥进行事前确认。

如果 A 发送任何信息时，用 A 自己的密钥加密，任何人都可以用 A 的公开密钥解密，以证明该信息就是 A，而不是 B 或 C 发出的。这一过程也被称为数字签名。

区块链上的有效交易有一个用交易发起方私钥签名有效的数字签名，而该交易的签名可以通过使用交易发起方的公钥进行验证。公钥可以通过算法从私钥中计算得出，但私钥却不能从公钥中推出。比特币系统中使用的就是一种非常典型的非对称密码算法——椭圆曲线加密算法（ECC）。

2. 哈希函数

哈希函数如图 1－3 所示。哈希函数可将任意长度的资料经由 Hash 算法转换为一组固定长度的代码，其原理是基于一种数学上的单向函数，这种函数很容易被验证，但是却很难被破解。通常情况下，给定一个 x，计算出哈希值 y 非常容易，但给定一个哈希值 y，确定 x 的取值则非常难。此外只要对 x 做一点小小的改动，y 的变化就极其明显。

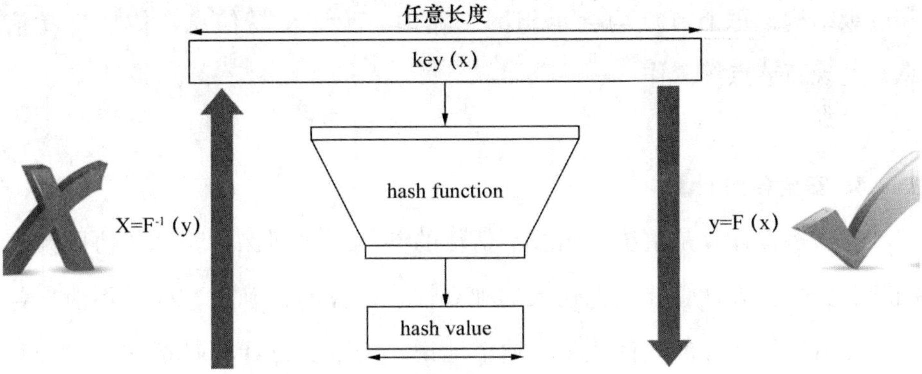

图 1－3　哈希函数示意图

区块链中的数据并不只是原始数据或者交易记录，还包括它们的哈希函数值，即将原始数据编码为特定长度的、由数字和字母组成的字符串后，记入区块链。哈希函数有很多适合存储区块链数据的优点：

第一，哈希函数处理过的数据是单向性的，通过处理过的输出值几乎不可能反向计算出原始的输入值。

第二，哈希函数处理不同长度的数据所耗费的时间是一致的，输出值也是定长的。

第三，哈希函数的输入值即使只相差一个字节甚至一个比特位，输出值的结果也会迥然不同。比特币系统中最常采用的哈希函数是双 SHA256 哈希函数，通俗来说，就是将不同长度的原始数据用两次 SHA256 哈希函数进行处理，再输出长度为 256 的二进制数字来进行统一的识别和存储。

3. P2P 网络

P2P 网络（对等网络），又称点对点技术，是没有中心服务器、依靠用户群交换信息的互联网体系。与有中心服务器的中央网络系统不同，对等网络的每个用户端既是一个节点，也有服务器的功能。

区块链网络的去中心化来自于 P2P 组网方式，网络中每个节点都地位对等且以扁平式拓扑结构相互连通和交互，不存在任何中心化的特殊节点和层级结构，每个节点均会承担网络路由、验证交易信息、传播交易信息、发现新节点等工作。

4. 安全多方计算

安全多方计算是解决一组互不信任的参与方之间保护隐私的协同计算问题。安全多方计算要确保输入的独立性、计算的正确性，同时不泄露各输入值给参与计算的其他成员。通俗地说，安全多方计算是指在一个分布式网络中，多个用户各自持有一些数据输入，他们希望共同完成对这些数据的计算，同时要求每个用户除计算结果外，均不能够获知其他用户的任何输入信息。

众所周知，以太坊的智能合约已经能够实现链上计算的能力，但是区块链具有公开透明的特性，因此以太坊的智能合约在计算的时候，所有的数据都是公开透明的，任何人都可以获取这些敏感数据。这也是以太坊等现有区块链迟迟无法跨入企业级和个人金融应用领域的原因——缺乏对多方安全计算的支持，无法有效保护多方数据计算过程中的数据隐私问题。

（三）区块链技术的本质

区块链通过对交易信息的全网一致性冗余分发，综合技术手段、经济手段和社会治理手段，实现了信息更加透明、记录难以篡改、交易可溯源。

在此基础上，区块链将会对传统中心化的经济和社会的组织方式实施改造，经济组织和社会组织将由传统的“他组织”方式向更加分布的强调个体和小集体自治的“自组织”方式变革，由此在总体上提升经济组织和社会治理效率。

因此，区块链的本质是，区块链通过数据的全网一致性分发和冗余存储，实现了数据的公开透明和不可篡改，在系统层面降低了信息不对称，使业务流程可以基于新的信息获取能力实现重构。区块链在信息系统去中心化的同时，通过构建业务系统的去中心化和业务流程的去中介化，实现总体效率的提升和利益的重新分配。

三

区块链的“去信任”到底是什么信任

区块链系统通过技术手段和机制设计，实现了业务交往中点到点信任关系的建立。这种信任关系，表现在两个阶段。

第一个阶段是对链上数据所表征的历史行为真实性的信任。即通过对技术手段实现的链上数据的真实性、有效性和数据不可篡改不可伪造的信任，实现了对数据背后的历史行为的真实性的信任。

区块链通过非对称密码，实现了每个个体在区块链系统中（可以是匿名）的身份认证；通过在每一个区块打上时间戳并结合哈希函数，保证了链上数据的不可篡改和不可伪造；通过其他相关节点对区块中数据真实性、有效性的认可，保证了记录在区块链上的数据真实性；通过链上数据的全网一致性分发和冗余存储，基于安全多方计算协议，从管理方法和策略上保证了链上数据难以被少数人篡改和伪造。这在以往的系统中，基本上是不可想像的，可能需要 N 个大家都信任的第三方的共同证明，才有可能使陌生人相信某个行为确实发生过。

第二个阶段是对以规则和机制为约束的未来行为的信任。在区块链 1.0 中，主要是对代码为表征的机制的信任；在区块链 2.0 中，则进化为对代码为表征的智能合约的信任。对机制和智能合约的信任，其前提要求规则公开和代码公开，同时允许代码本地化编译和运行，且不可被篡改，但其关键是机制和智能合约要有强制执行力，代码要实现与业务的绑定。

总的来看，区块链实现的两个阶段的信任，即对以链上数据以往历史行为真实性的信任和对未来以规则和机制为约束的未来行为的信任。

区块链不能实现的信任又是什么呢?

区块链系统不能实现对行为主体的信任，或者说不能通过区块链系统实现对行为主体的信任评价或信用评估。

无论是在现实生活中，还是在数字世界里，我们都是基于历史行为和当前事件的属性，来判断该行为主体在当前事件中的可信任程度。这种信任，是对该行为主体的全面信任评价。而区块链实现的，是基于区块链所承载的业务场景的单一维度的信任，仅仅包含了可信任和不可信任二个指标，而对行为主体的信用评价，需要的则是一个连续的可度量的指标，而不是单一的全部信任或全部不信任。

三

区块链不用去中心化了吗

区块链的本质特征之一就是去中心化。但2019年10月24日下午，习近平在中央政治局第十八次集体学习上讲话之后，网络上出现了否定区块链去中心化的说法。因为中共中央总书记习近平在主持学习时强调“要加强对区块链技术的引导和规范”，“要探索建立适应区块链技术机制的安全保障体系”，“要把依法治网落实到区块链管理中”。

“否定区块链去中心化”的这种说法在对区块链的理解和认识上是错误的，读者要搞清楚什么是中心以及不同性质和不同类别中心的区别。

人类社会发展几千年，从来不存在完全的无中心状态，也从来不存在完全的中心化状态。现实社会始终是多中心系统，这些中心有些是功能上的，比如班主任在班级的学习和生活当中是中心；有些是知识和信息上的，比如国家统计局在国家经济数据的收集、存储和分析方面是中心，一些知名教授在他的研究领域也是中心。此外，还可以按中心所统涉的规模，分为大中心、中中心和小中心。

区块链之所以从其一诞生就引起全世界主要国家的高度关注，并不是仅仅是因为比特币，而是因为区块链这种技术架构将有可能对生产关系进行重大变革。也就是基于数据的全网一致性分发和冗余存储，实现不同业务主体间的业务关系重构，进而优化系统流程，改革生产关系。因此，原有系统中的有些中心是必须要被去掉的，尤其是原来基于信息不对称基础形成的中心。但有些中心环节，也就是业务流程中的一些关键性业务节点，比如金融系统的监管、风控，无论是在现实生活中，还是在区块链环境下，都是必须要保留的。这些中心节点的设置，是人类社会用几千来的经验和教训换来的，并不是随随便便就能够被舍弃掉的。

那么区块链的“去中心”到底是什么呢？区块链的去中心包含两个层面。

第一个层面是基于数据占有层面，区块链系统要去掉原来系统中的数据中心或数据管理中心。

第二个层面是基于业务流程层面，在实现数据共享并重构了业务流程之后，那些不再被需要的中心化业务环节和业务节点也要被去掉。

区块链的去中心化，与基于业务发展需要的技术和管理上的引导、规范和治理并不矛盾，两者都是在新的技术架构和新的业务架构上，在更宏大的意义上进一步提高效率，让区块链更好地成为服务于人类社会的生产生活不可或缺的手段和工具。

四

区块链能做什么和不能做什么

区块链并非是放之四海而皆准的技术，有许多问题区块链可以做，但也有很多问题是区块链无法解决的。

1. 技术层面

一是区块链通过数据的相关节点分发达到一致协同，以解决中央节点失效及信息篡改问题。虽然区块链可以对解决数据和系统的安全性的问题给予启示，但本身并不能解决这个问题。

二是区块链技术是通过对系统工作流程的改造提升整体效率的，并非提升个别节点的单点效率。区块链的作用是通过在所有节点都拥有相同数据基础上进行业务流程的优化和重构，在总体上提高效率。区块链如果把所有数据在全网所有节点（个别节点）都做一个备份，效率无疑是低的。

三是区块链可以解决线上数据和身份真实性问题，但无法解决线上线下数据的一致性问题，也无法解决线下数据及实物的真实性问题。解决这些问题，必须要配合其他技术手段。如通过区块链技术我们可以看到一个杯子从哪来，到哪去，都经过谁的手，甚至包括它的 GPS 定位等内容，但却无法保证链上显示的杯子就是链下的那个杯子。

四是在交易记录数据被存储之前，区块链系统要对交易记录数据进行全网范围内的分发，并要求其他人对交易记录数据进行确认。现有区块链的功能和性能是有限的，因此，至少目前的技术架构决定了区块链不适用于高并发任务场景。比如，区块链的第一个应用以及到目前为止最成功的应用依然是比特币系统，其目前每秒只能处理约 7 笔交易，完全无法用于处理高并发的任务场景，也不能做到承载全球市场。同时由于区块链系统的全网数据分发，限于带宽和存储，大数据量的应用也不适宜用区块链来解决和处理。

2. 应用层面

一是区块链仅记录交易数据，但无法处理数据。

数据一般有三种类型，第一类是交易数据，即区块链上的数据。第二类是关系型数据库，如人事管理、档案管理、设备管理等传统数据。第三类是近几年开始兴起的大数据。根据区块链的特性，区块链目前仅能够处理交易数据，对关系型数据和大数据却无法处理，这也是区块链目前尚未与人类的生产和生活发生更深程度的关系的原因之一。

二是链上的交易记录可以降低交易成本，但却无法提高生产和生活效率。想提高生产和生活效率，与其他技术的融合是必然的。

3. 系统层面

一是区块链技术及产品，不同于微信、QQ、淘宝、支付宝、嘀嘀等平台级产品或 C 端产品。区块链技术及产品要解决的是行业流程的改造，至少是面向 B 端，甚至面向一个行业。

二是 C 端产品通过获取用户和流量，靠规模获取市场。区块链技术及产品通过对业务流程的再造来解决企业和行业痛点，提升整体效率。

三是 C 端产品的扩展逻辑是由下向上，通过 C 端的聚合而实施资源整合；区块链技术及产品的逻辑是由上向下，重点是业务流程再造。

将区块链技术及产品与互联网情况下的平台级产品做一个对比。平台级产品以滴滴、淘宝、美团等系统为典型，这些系统连接了不同的需求方，每一方都对对方有需求，然后通过中心化系统实现不同主体需求的快速匹配，进而实现资源的精准对接。平台级产品主要面向 C 端用户，同时连接了 B 端用户。系统的特点是可以极大地提高单点效率，同时也可以提高系统的整体效率。比如原来需要自己去线下寻找商店，然后再对不同商店提供的商品进行价格、品质等多方面的对比，然后还需要到商店购买，最后才能够运回家等。这还不包括后期可能的三包退换货等操作。但淘宝实现了用户需求和商店服务的快速精准匹配，还可以通过系统对多个供货商的产品进行对比。这个过程极大地提高了我们的效率，节省了我们的时间，某种程度上还会节省我们的费用。这种平台级产品，它的扩展逻辑是由下向上，有了用户就有了一切，因此，它的核心竞争是获取用户和流量，靠规模获取市场。

但区块链系统就完全不一样。因为目前还没有被大家普遍使用和感知的区块链系统，所以这里没有列出代表性的产品或服务。通过前面分析，我们知道，区块链系统更多的是通过对业务流程的再造来解决企业和行业痛点，这种系统的特点是去中心化，但业务流程再造更多是去中介化，因此区块链面向的对象至少面向 B 端用户，甚至是面向一个行业。区块链系统的单点效率不可能高，但区块链通过去中心化从而实现去中介化，从这个角度来提升系统效率。因此区块链系统的逻辑由上向下，主要用于业务流程再造，靠系统效率而非单点效率取胜。

五

为什么公有链不是区块链的未来

（一）什么是区块链的公有链、联盟链和私有链

公有链、联盟链和私有链，主要是从系统面向的用户对象类型来区分的。

1. 公有链

公有链又被称为非准许链。系统具有最强的开放性和最大程度的去中心化。公有链系统不需要任何人批准，任何人都可以随时加入，也可以随时退出，类似于用电驴下载电影，只要找到种子就可以下载，不需要任何人的批准或同意，任何时候想退出就可以退出，同样也不需要任何人的批准或同意。此外，公有链无官方组织及管理机构，无中心服务器，参与的节点按照系统规格自由接入网络、不受控制，节点间基于共识机制开展工作。

公有链的应用场景一般面向非特定 C 端，业务链条短，中间环节少，业务场景单一，难以承载重量级应用，难以重构业务流程。

2. 联盟链

联盟链是需要注册许可的区块链，也称为许可链。联盟链仅限于联盟

成员参与，区块链上的读写权限、参与记账权限按联盟规则来制定。整个网络由成员机构共同维护，网络接入一般通过成员机构的网关节点接入，共识过程由预先选好的节点控制。

联盟链一般面向多业务主体，业务链条长，中间环节多，可承载重量级应用，并可重组业务流程。

3. 私有链

私有链是建立在某个企业内部的区块链系统。系统的运作规则根据企业要求进行设定。私有链的价值主要是提供安全、可追溯、不可篡改、自动执行的运算平台，可以同时防范来自内部和外部对数据的安全攻击，这个在传统的系统是很难做到的。

联盟链和私有链是准许链，是需要批准和同意才能够进入和退出的，因此其中心化程度要高一些。联盟链面对的是多主体用户，更多用于有业务关联关系的企业或机构。私有链面对的是单一主体用户，更多用于企业或组织机构内部。

比特币、以太坊系统以及其他很多发币的项目都是公有链。超级账本和 R3 是联盟链，联盟链和私有链基本都没有发币。但发币与否，并不是区分公有链、联盟链和私有链的标准。实际上，公有链也可以不发币，联盟链和私有链也可以发币。但公有链面向的是非特定人群，其系统要求较强的可扩展性和稳定性，更多资源需要来自于用户的贡献和分享，如果不以币来激励，如何维护系统的运行，是公有链在经济模型上很难解决的问题。在联盟链和私有链方面，比如前一段 JPM 发行的 JPM Coin，就是基于企业内部的私有链系统发行的，应用范围也仅局限在 JPM 自身体系内的机构客户，是标准的私有链的概念。

（二）为什么说公有链系统不是未来的区块链操作系统

2018 年被称为区块链元年，很多区块链项目应运而生。这些区块链项目受比特币，尤其是以太坊影响，大部分是公有链项目。

很多专家和机构认为公有链是未来区块链的操作系统。认为在公有链的底层技术架构之上，可以构建起未来区块链的大部分应用。基于以上公有链、联盟链和私有链的定义，我们并不认为公有链可以承担区块链未来操作系统的重任。

原因一，公有链是完全的开放系统，那么在公有链的系统架构设计上就需要假设系统中存在坏分子捣乱，就要把更多的资源投入到规避坏分子上面。因此，公有链的共识机制，就建立在系统中有坏分子存在，如何通过集体的力量，规避掉坏分子的影响上，共识机制的实际落地非常困难。

原因二，联盟链和私有链并不是开放系统，所以在联盟链和私有链的系统架构设计上，也就不需要假设系统中存在坏分子。在联盟链和私有链的系统架构上，需要考虑的是在系统中的节点性能不稳定，甚至有宕机可能的情况下，如何维护系统稳定高效运行。

因此，我们也可以看到，公有链、联盟链、私有链的共识机制完全不同。公有链的共识机制也不可能经过升级改造，就变为联盟链或私有链的共识机制。包括智能合约的开发环境，也是同样的道理。我们不可能由公有链的智能合约开发环境，升级改造为联盟链或私有链的智能合约开发环境。

（三）公有链也不可能是未来区块链应用的主流

公有链的完全开放性，使得公有链系统中不同用户之间的信任关系也极弱，甚至没有信任关系，因此需要依靠更多的规则、协议和代码来建立最基本的信任关系，以维护系统的正常运行。因此，很多需要强信任关系的业务合作，在公有链上很难开展。

联盟链和私有链系统是准许链，在具有较强的中心化管制同时，用户之间也具有更强大的信任关系。这种前提就使得一些需要较强信任关系才能开展的业务得以在联盟链或私有链上进行。

正是由于公有链和联盟链及私有链在面向应用对象方面的差异，使得公有链、联盟链和私有链在底层技术架构、共识机制设计、智能合约开发环境等方面有着完全不一样的逻辑。我们不可能在完全开放的系统架构上，通过协议和机制实现陌生甚至匿名用户之间的强信任关系，进而开展相关的业务操作。业务体量相对较轻、信任程度要求较低的业务。适合在公有链系统上开展业务，业务体量很重且要求强信任关系的业务，比如银行之间的清算，放在公有链上进行，是不可想象的。

公有链是完全的开放性系统，因此公有链适用于应用对象不确定的一些应用。比如酒店、景区、饭店、理发店等。这类机构没有固定的服务对象，任何人都是他的服务对象，相对业务体量也较轻，因此适合于公有链系统。但这类业务在整个人类社会生活中并不是主体业务，尽管重要，但对推动经济发展和社会进步，作用还不是那么大。

因此，从公有链系统承载的业务应用来看，公有链也不可能成为未来区块链业务应用的主流。

（四）联盟链将成为未来区块链业务应用的主导

区块链最基本的技术特点，是通过数据的全网一致性冗余分发和存储，实现了数据在全网范围内的公开透明、不可篡改、可溯源、可追踪，进而实现了不同节点之间在数据占有上的平等地位，在系统架构上实现了不同程度的去中心化，在节点关系之间实现了不同程度的去第三方信任。这种技术上的特性，赋予了所有节点平等地位，进而使得系统结构有可能从传统意义上的他组织，变为更大程度的自组织，激发每个个体的活力，发挥每个个体的才能。在这个意义上，才更有可能实现马克思所说的自由人的自由联合。

但在公有链系统上，大家进入或退出系统无须任何审批，所有人都有极大的自由，且不承担任何责任。在任何正常运转的系统中，自由、权力、责任，永远是相匹配的。完全自由、不承担任何责任，在这样的系统中不同用户之间是否有可能建立起强大的信任关系？因此，在公有链上必然只能运行轻量级的任务，比如游戏、信息分享。很重的业务不可能在公有链上运行，这类业务必然要运行在联盟链或私有链之上。

私有链面向的主体是单一主体，因此其任务属性也必然是单一的。尽管可以通过区块链技术，对组织或机构内部的业务流程进行重构，以减少推诿扯皮现象发生，减少中间环节，提高工作效率。但私有链的业务范围，决定了这种改革的影响力相对有限。

只有联盟链，通过审批建立强信任关系，以及线上数据共享，生成更多的凭证数据和对等信息，在此基础上精简业务流程，减少中间环节，真正改变经济流程和社会治理的业务逻辑和底层架构，以推动整个社会的经济效率提升和社会治理结构改变。这也是世界上一些大公司或大公司联盟从一开始就主推联盟，包括超级账本和 R3 的原因所在。

六

为什么要构建统一的区块链底层基础设施

（一）区块链系统体系架构

从 2008 年中本聪的白皮书发布以来，区块链走过了 11 年的发展历程，其影响力越来越大，现在有必要对区块链系统的体系架构进行认真的总结和梳理，以明确区块链系统未来的发展方向。

1. 公有链并不是区块链系统的操作系统

区块链一开始就是从公有链发展起来的，去中心、去第三方信任等一系列概念也是在公有链上体现得最为明确。但公有链只是区块链系统中的一类项目，由于其面向的用户主体的非准许特性，公有链有其特有的共识和智能合约以及一些技术上的特点，包括可能的中间件。联盟链和私有链是区块链系统中的另外两个类别，联盟链和私有链与公有链会有一些共同的功能部件，但并不存在包含与被包含的关系，在公有链体系上无法嫁接和生长出联盟链和私有链，也不可能从公有链的共识算法，推导出联盟链和私有链的共识算法。智能合约也存在同样的问题。从这个角度，并不能得出结论说公有链是区块链的操作系统。

但如果从区块链系统的功能组成部件来看，无论是公有链、联盟链还是私有链，确实会有一些共同的功能组件，将这些共同的功能组件打包集成，有可能形成功能类似于目前操作系统的系统软件。在此基础之上，这些功能组件经过必要的功能扩展，对外提供相应的 API 或 SDK，供上层应用调用。

2. 正确的区块链系统体系结构

区块链系统架构可以归结为以下组成部分，如图 1－4 所示。

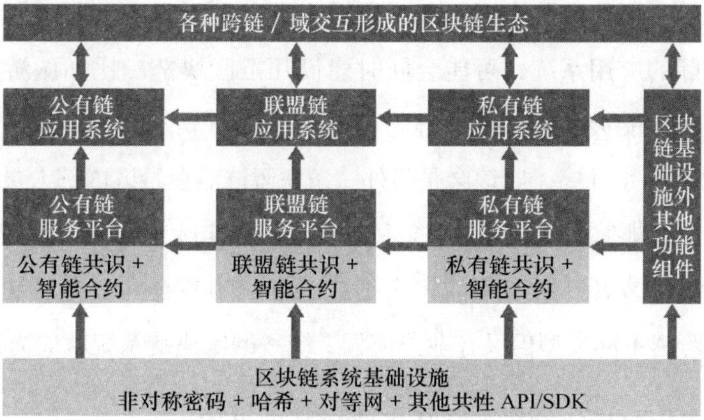

图 1－4　统一的区块链系统体系架构

最底层是区块链系统基础设施，它建基于目前的网络基础设施和网络操作系统之上，是大部分区块链项目的共有组件集成，承担着区块链底层的通信、一致性验证、密码和安全机制等基本功能。

在区块链系统基础设施之上，分别是公有链基础设施、联盟链基础设施和私有链基础设施以及一些在区块链系统基础设施之外，但可为公有链基础设施、联盟链基础设施和私有链基础设施提供服务的功能组件，类似于我们目前的编译系统、数据库系统等系统软件。公有链基础设施、联盟链基础设施和私有链基础设施内部分别内涵了对应的共识算法、智能合约组件及其必要的参数选项。

最后，在此之上，公有链基础设施上面对应着公有链应用系统，联盟链基础设施上面对应着联盟链应用系统，私有链基础设施之上对应着私有链应用系统。在最上层，是各种跨链/域交互形成的区块链生态。

3. 为什么要构建统一的区块链底层基础设施

公有链、联盟链和私有链，不同的区块链系统，面向不同类型的客户，达成不同的共识机制，分享不同的智能合约开发环境。在实际应用中，确有必要在技术底层上架构出区块链共同的基础设施。

区块链的每条链，从应用层面来看，都是一个独特的业务场景。不同的业务场景，可能会共享同一条区块链，也有可能分享不同的区块链。作为一个实际的应用系统，可能会同时建设几条区块链。比如旅游景区，对游客层面，可能会有一条公有链。在资金结算环节，可能涉及与工商、税务、银行等业务对接，应该会是另外一条联盟链。在景区内部人员管理和景区内部工作安排上，应该会是一条私有链。但在实际工作中，我们不可能把这三个系统割裂开，但又不能完全把这三类应用整合在一条区块链上。因此，建设跨越不同类型但又在业务流程上统一的区块链系统就成为必然。

（二）如何构建统一的区块链底层基础设施

我们将公有链、联盟链和私有链的公共属性和功能模块抽取出来，生成最底层的区块链基础设施，里面包括了非对称密码、哈希函数、对等网以及其他共性的 API 或 SDK，共同为上层提供服务。在此基础上，是公有链的服务平台、联盟链的服务平台和私有链的服务平台。

在不同的服务平台层，就需要针对公有链、联盟链和私有链的不同应用场景，设计不同的共识机制、智能合约开发环境。在各类服务平台基础上还会有基于公有链的应用系统、基于联盟链的应用系统和基于私有链的应用系统。当然也会有各种辅助功能模块，为各类服务平台和应用系统提供支撑和服务。

当然，根据不同的业务需要，既可以在基础设施层，也可以在服务平台上，还可以在最上面的应用层，实现不同的跨链功能，进而实现跨越不同域、功能交互的区块链业务流程和丰富的企业生态。

七

区块链对社会的促进作用是什么

1. 区块链对整个社会的作用

尽管区块链系统有着这样或那样的不足，但人们发现这种技术组合在经济管理和社会治理等领域具有去中心化，在人类交往中具有去第三方信任，数据透明不可篡改且可溯源，同时在金融货币领域具有价值传递等新功能，从而赋予了区块链技术不同于以往其他技术新的生长空间和价值空间。

从组织架构和社会治理层面来看，区块链通过数据全网分发和存储并保持数据全网一致，确保信息在更大范围内的透明和难以篡改，给经济和社会生活注入了更多平等、民主的要素；在信息透明和信息多方认可的基础上，实现了更多主体间的多个层次和多个维度的自组织，进而通过对组织流程和工作机制再造，进一步提升系统的工作效率。

区块链对传统的组织管理流程和工作机制的重新构架，将颠覆很多传统中心化流程中的环节和内容。其目标是提升系统的工作效率，这一点完全不同于传统技术提升单点效率的推进路径和演化方式。

从区块链的技术架构来看，组织管理流程和工作机制再造过程会消耗大量的额外资源，比如存储和带宽，并且在新的系统和协作关系尚未完全建立之前，很难见到更高的效率，无论是单点效率还是系统效率，反而会在消耗更多资源的同时，既降低了单点效率，也没有提升系统效率。

从区块链的每个节点来看，区块链技术的运用使得系统中的每个节点占有了更加完整的数据，也就拥有了更加强大的业务能力，就可以更加充分地发挥个体的积极性和主动性，创造更多新的业务。

而从区块链的本质来看，区块链对整个社会的作用，在于通过由区块链底层技术构造的去中心化信息系统，将重构整个社会的组织架构和生产业务流程。重构之后，将实现社会组织架构和生产业务流程的去中心化，在拥有对等数据的前提下，实现社会组织架构和业务流程的去中介化，以此提高整个社会的生产生活效率。

2. 区块链推动经济发展的作用方向和应用空间

根据习总书记在中共中央政治局第 18 次集体学习讲到的，区块链对整个社会的作用大概存在以下几个方向，分别是促进数据共享，优化业务流程，降低运营成本，提升协同效率，此外在建设可信体系、数据安全方面也起到至关重要作用。此外，区块链应用的广泛空间主要在以下六个方面。

一是区块链与实体经济深度融合，解决中小企业贷款融资难、银行风控难、部门监管难等问题。

二是区块链技术探索数字经济。为打造便捷高效、公平竞争、稳定透明的营商环境提供动力，为推进供给侧结构性改革、实现各行业供需有效对接提供服务，为加快新旧动能接续转换、推动经济高质量发展提供支撑。

三是“区块链 +”民生领域的运用。推动区块链技术在教育、就业、养老、精准脱贫、医疗健康、商品防伪、食品安全、公益、社会救助等领域的应用，以提供更加智能、更加便捷、更加优质的公共服务。

四是“区块链 +”智慧城市建设。区块链底层技术服务和新型智慧城市建设相结合，探索在信息基础设施、智慧交通、能源电力等领域的推广应用，提升城市管理的智能化、精准化水平。

五是“区块链+”信息互通。利用区块链技术促进城市间在信息、资金、人才、征信等方面更大规模的互联互通，保障生产要素在区域内有序高效流动。

六是“区块链+”数据共享，探索数据共享新模式，实现政务数据跨部门、跨区域共同维护和利用，促进业务协同办理，深化“最多跑一次”改革，为人民群众带来更好的政务服务体验。

3. 区块链推动经济发展的应用场景

区块链推动经济发展的应用场景在于联盟链、私有链以及公有链。

未来最主要应用场景是在联盟链的应用方面，即通过对联盟成员关系的重塑，建立联盟成员间更加强大的信任关系，极大地降低交易成本，重塑生产流程。区块链将通过改造供应链以及生产企业上下游之间的生产流程来重新构建关系更加紧密、信任程度更高、交易摩擦成本更小的新型生产关系。这将是区块链未来驱动经济发展和社会进步的最主要着力点，也是区块链发挥作用的最大空间所在。

在私有链应用方面，通过对企业内部的工作机制的重构，进一步降低和减少企业内部的沟通交流成本，减少扯皮推诿现象发生。如数据库管理、审计等。政府行业也会有一些应用，比如政府的预算和执行，或者政府的行业统计数据，一般来说由政府登记，但公众有权力监督。同时区块链将最大化集成人类企业管理和社会治理方面的知识，将以往基于个体的经验型的管理行为，改造为与企业所在领域相匹配、使人具有更大自主权、实现更大程度自我激励的企业或社团内部新型的流程化和智能化组织管理。

公有链也有一定的应用场景，将在应用层面为那些面向所有人或面向非特定人的应用提供存证、可视化验证等应用，以进一步增强信任、降低交易成本。比如旅游行业中的酒店住宿、景区游览，流量明星的粉丝经济以及游戏等场景。

八

我们到底需要什么样的区块链

当前，区块链行业进入了一个迷茫期。公链找不到对应的应用场景，系统一上线就破发；交易所竞争异常惨烈，技术和管理的各种问题频发；受加密货币价格波动和国家政策影响，矿机矿场行情又极不稳定，可持续性饱受质疑。剩下的，就是各种打着区块链名义的资金盘、传销盘活动越发猖獗……但越来越多的“韭菜”已经觉醒，受骗上当的人越来越少。值此当口，我们更要静下心来思考，我们到底需要什么样的区块链。

（一）区块链系统与目前的 IT 系统是什么关系

区块链由几种不同的技术组合而成，这几种技术在传统的 IT 系统上也都有广泛的应用。这几种不同技术进行重新组合后，找到了新的应用空间，在应用上拓展出了新的维度。但无论是哪种区块链系统，仍然是架构在目前的 IT 系统上的，并不能脱离现有 IT 系统而独立存在。

以比特币为代表的区块链 1.0 系统，是为解决去中心环境下网络支付双花问题而设计的，有其特有的应用场景和设计目的。以太坊在比特币系统的基础上，增加了智能合约，重点还是在解决去中心化网络环境下的金融应用，是将传统中心化场景中已经存在的金融场景搬迁到了区块链的世界里。

比特币和以太坊要解决的大部分问题，在传统的中心化的 IT 系统中都能够得到有效解决。但是因为对中心节点的不信任，在耗费大量带宽资源、存储资源和计算资源的基础上，中本聪设计出了去中心化的区块链系统。

（二）我们需要什么样的区块链系统

由于公有链面向所有人开放，因此，在信息系统的架构上，公有链就基本不存在可以被去掉的中心环节和中介环节。同时因其开放特性，在业务逻辑上也不可能过于复杂，也不会出现很长的业务链条。再加上非准许特性，公有链系统很难建立起强信任关系，因此关键业务系统不可能在公有链上运行。这也是目前大部分公有链找不到合适应用场景的原因。目前公有链系统只能通过所谓的通证激励实现社群裂变获取更多流量，其本质上还是互联网思维。由于找不到合适的应用场景，没有相应的利益产出，系统只能陷入空转状态，时间长了，必然不可持续。

联盟链面向多业务主体，并且需要通过批准才可以进入和退出，因此，联盟链可以承载现实生活中很多关键性业务应用，也可以承载有业务关联的多个业务主体，并且可以通过链上数据共享，实现对原有组织架构和业务流程的重构和优化。通过对组织架构和业务流程的优化和重构，去掉原有系统中不必要的中心环节和中介环节，这既提高了生产效率，还可以实现原有中心环节和中介环节占有的利润再分配。

私有链也有其应用场景。私有链更多应用于小的固定范围内的单一业务场景。通过对固定范围内的信息和数据的共享，可以进一步优化组织内部的管理架构和工作流程，明确责权利。

（三）区块链系统的未来方向是什么

区块链1.0（以比特币为代表的加密货币的时代）系统和区块链2.0（以以太坊为代表加密资产与智能合约时代）系统都有其特有的应用场景，

是为解决特定问题而设计的技术结构。区块链这种技术结构，肯定会有一些同类的或相近的应用场景和应用需求，但也并非是放之四海而通用的技术架构。

奥地利学派著名经济学家穆瑞·罗斯巴德在写经济史时曾尖锐地指出：“带着几乎不加掩饰的蔑视，熊·彼特整体性地否认亚当·斯密的贡献，认为亚当·斯密将经济学引入歧途。”我们不能说区块链 1.0 和区块链 2.0 的架构将区块链引入歧途，但我们确有必要时不时跳出中本聪所设定的区块链技术架构，从更广的视角上，对现有的区块链技术架构作必要的审视。

复杂性科学奠基人，首屈一指的技术思想家布莱恩·阿瑟在其《技术的本质：技术是什么，它是如何进化的》指出，技术的组合仍然是技术，技术也是由一系列技术组合而来。因此，我们必须从更高的层次，对区块链的整体技术架构、构成区块链技术的内部技术模块进行必要的解构和再结构，面向丰富多元的应用需求，结构更多的技术元素，搭建功能更加丰富且更有针对性的技术架构，让区块链有更大的发展空间和更多的应用场景，而不是单纯在中本聪已经设定好的架构里面，穷尽所有努力，换来一点点性能上的提升。

区块链发展至今，到了需要全面审视区块链从底层技术架构，到经济金融模型，再到其背后的指导思想和理念的时候了。我们也没有必要神化区块链，区块链仅仅是信息系统的一种，是用更多带宽、存储和计算的耗费，换来了组织架构和业务流程的优化以及个体能力的提升和个体活动空间的拓展。

通过对区块链现有技术结构的解构，释放出更多更细粒度的技术单元和技术元素，再与其他相关技术，包括云计算、边缘计算、大数据、人工智能、物联网、5G、可信计算等各种各样技术的重新结构，构建更多的技术应用组合，而不是单纯在现有区块链系统架构范围内进行调整。

对于应用比较多的模块和组件，或者通过这些模块和组件或更加细粒度的模块和组件组合而成的架构，为获得更加广泛的应用，则可以通过技术的固定组合，将其打造成区块链的基础设施。但这种基础设施，也还远远不到应该固化的阶段，它们在实际应用当中必将面临着更多的调整和改造。这就需要更多既懂技术也懂应用和业务逻辑的专业人士，面向更多应用构造出功能更加丰富的更多层次的模块和组件，在解构区块链底层技术的同时，做出更多新的技术结构，匹配更多的业务场景。

同时，着眼于区块链重构社会组织架构和业务流程的目标，也需要在现有区块链体系架构或未来新的技术架构中增添更多的可用工具，使得社会组织架构调整和业务流程优化可以更轻松快捷地实现。这里的工具就不仅仅是 IT 层面的组件、控件、模块或技术架构，还有更多经济社会和组织治理层面的工具，包括在不同环节不同场景下承载不同主体权益的通证以及未来有可能被创造出来的其他更有效的工具。

九

链改改什么，如何改

（一）链改到底改什么

随着区块链的兴起，链改在 2018 年突然火爆起来。但不到一年的时间，这个词就基本销声匿迹了。到目前为止，并没有链改的成功案例出现，究其原因，还在于人们并没有搞清链改的内涵，即链改是什么，要改什么，如何改。

1. 链改是什么

要回答这些问题，仍然需要回到区块链的本质属性上，即区块链是什么，区块链对整个社会的意义又在哪里？

本质上看，区块链通过数据的全网一致性分发和冗余存储，实现了数据的公开透明和不可篡改，在系统层面降低了信息不对称，使节点可以基于新的信息获取能力实现业务关系的重新组织。区块链在信息系统去中心化的同时，通过构建业务系统的去中心化和业务流程的去中介化，实现总体效率的提升。

由区块链的本质属性，就可以回答链改是什么，要改什么，如何改。

链改就是要通过数据实现更大程度的公开透明和不可篡改，实现业务系统的去中心化和业务流程的去中介化，实现生产生活方式的重构和业务流程的再组织，以提升整体效率。也就是说链改的目标是实现效率的提升，链改的结果是业务流程的重构和再组织，链改的过程是业务系统的去中心化和业务流程的去中介化，链改的前提和基础是数据的链上分发和存储。数据上链是链改的前提和基础，哪些数据上链，决定了业务系统中的哪些中心可以被去掉，业务流程中的哪些中介可以被去掉，也决定了最终整体效率提升的程度。

区块链为链改提供了技术框架，但链改并不会因为区块链的技术框架而得以自动实施。同任何改革一样，链改不可能一蹴而就。需要一部分主体主动推进，进而带动更多主体共同推进的过程，是一个逐步设计，逐渐完善和逐渐演化的过程，也是艰难的利益博弈的过程，最终的结果希望是使系统效率得到极大提升。

2. 链改的本质含义

链改的前提是数据的链上分发和存储，意味着数据占有方式和数据组织方式的改变。目前大部分数据被中心化机构占有，数据被集中存储在中心节点，大部分业务和社会治理也以中心化机构为关键节点展开。普通节点不占有数据，或仅占有少量数据，这些节点在业务流程和治理结构中的角色是被中心节点定义，而非自主定义的。

链改是对权力结构和利益结构的调整，是对现有的业务流程和治理机制的反动和革命。链改不是在现有的业务流程和治理机制上叠加一些新的技术手段，使现有的业务流程更加顺畅，治理机制更加高效。链改是一项系统工程，其最终目的在于通过改造生产关系以提高生产力。链改在单点上未必能提高效率，但在整体上必须提高系统运行效率。

链改在本质上是依据新的数据占有方式和数据组织方式，对本已固化的业务结构和利益结构进行的重构。

链改是一个永远持续的过程。这个过程，原来不占有数据的节点不断抗争，原来独家占有数据的节点不断妥协的过程。即使是原来的数据占有方完全放弃了数据的独家占有权，但基于对数据的理解和认知能力，也不是所有节点就立刻拥有了对数据的理解和使用能力，因此也不可能完全去掉原有系统的所有中介。

链改后的系统较链改前的系统，其优势在于，一是通过去中介化在整体上实现了更高的效率，二是将原来业务流程中的中心节点和中介环节占有的利润进行了重新分配。

（二）链改的主体与客体

链改的主体，必然是看到了区块链巨大的前景而主动实施变革的人。这部分人有可能是现有业务体系内部深受业务架构中心化和业务流程中介化之苦的人，也可能是现有业务体系以外的先知先觉者。但仅有这一小部分人，是不足以保证链改成功的。链改要取得最终的胜利，必然需要通过这部分人的外力驱动，带动链改业务体系内部更多主体主动实行变革，通过外部力量到内部力量的传递和扩散，再过渡到内部力量发挥关键性作用，这才有可能实现链改的成功。

链改的客体包括了两个方面的内容。

第一个方面是对业务架构的去中心化和业务流程的去中介化调整，使得新的业务架构和业务流程能够与区块链的信息系统架构相匹配，从而真正发挥区块链系统的作用。

第二个方面是对业务体系内不同主体的利益结构进行调整。这种调整，是基于新的业务流程架构，重新匹配每个利益主体的责权利。因为链改的最终目标在于整体效率的提升，因此，这种调整必然是大部分人获得利益增量，但同时由于业务架构的去中心化和业务流程的去中介化，必然也有一部分人利益受损，甚至还有可能有一部分人的职责被彻底边缘化。

（三）链改的第一推动力来自哪里

链改在本质上是依据新的数据占有方式和数据组织方式，对本已固化的业务结构和利益结构进行的重构。这种重构，会极大地损害原来的中心化机构和中心节点的权力和利益，因此，链改的推动力量不可能来自原来的中心化机构和中心节点。

链改的推动力量能否来自于原来不占有数据的普通节点呢？也不可能。

一是普通节点作为个体力量单薄，难以对抗已经成型的体制和机制。

二是链改是一个长期的博弈过程，虽然在理论上通过链改会提高系统效率，带来新的收益，但在实践上既没有成功的先例，也难以预测链改过程中将面临哪些具体困难，作为个体的节点在链改过程中会获得什么，又可能失去什么，都在未知之列。

三是我们仍处在信息化数字化改造过程中，在这个过程中，所有人的利益都得到了提升，这种情况下，很少有人会主动打破这个态势。因此，链改的推动力量也不可能来自于这些原来不占有数据的普通节点，也就是说，链改的推动力量也不可能来自系统内部。

链改的推动力量，尤其是第一推动力量，只能来自系统外部！

链改是一场改革，是对既得利益阶层的改革，也是对既得利益阶层背后的业务结构和社会治理结构的改革！既得利益阶层不会主动放弃自己的利益，被剥夺了数据占有权利的普通节点没有能力也没有意识主动进行这场改革。因此，链改的推动力量只能来自系统外部。

因此，链改的推动力量一定是外生的，是新的生产力和生产关系对旧的生产力和生产关系的改革。

（四）什么是链改的应有逻辑

1. 目前的链改为什么失败

目前大部分所谓的“链改”项目，都是通过 Token 进行融资，同时对消费端进行激励，以资金盘或传销的套路，吸引更多消费者进入。这种方式，仍然是传统的互联网积分的玩法，由于没有从根本上对业务流程进行改造，也不可能带来生产力的提升和新的生产关系的变革。这种“链改”，也不是本来意义上的链改，并没有触及链改的核心内容，因此必然失败。

2. 链改成功的关键因素

链改成功的关键因素，在于业务体系内部大部分人在理念和行动上的转变。转变的因素主要来自于两个方面。

一个方面是共识的形成。区块链理念的传播、技术的扩散、链改成功案例的示范，会让越来越多的利益主体认识到区块链的优势和链改的力量，这将是链改共识形成的前提。同时，基于对传统业务架构和业务流程弊端的深入了解，大部分人会对新的业务架构和业务流程产生更多期待，这是链改共识形成的基础。

另一个方面是利益的驱动。利益驱动主要来自于在新的业务架构下，每个业务主体责权利三者关系的重新匹配。新的业务体系内的业务主体责权利的增加，既来自于新的业务系统总体效率的提升，也来自于业务架构去中心化和业务流程去中介化带来的责权利转移。因此，这一过程不可能一帆风顺，这一点也是通证设计的关键所在。

3. 链改的应有逻辑

从理论指导上讲，只有遵照“顶层设计、经济激励、技术适用、产业赋能”的思路进行链改，链改才有可能成功。

（1）顶层设计

由于链改要做的是对业务流程和社会组织治理结构进行的改造，其影响深远、意义重大。因此，必须要有相当高超的顶层设计作指导，而不能走一步看一步，摸着石头过河。每一个链改项目的对象、前提和目标都不一样，也不可能照搬照抄。另外，链改是一个长期过程，需要分阶段分步骤实施，不可能一蹴而就，因此，就更不应该在大的方向和目标上摇摆不定。

链改不同于一般的信息系统建设。一般的信息系统建设，多强调以需求为牵引，是服务于当前的业务流程和治理结构的。而链改是基于区块链的理念和技术进行的业务流程和社会治理结构的改造，这种需求，在链改对象的体系内部并不存在。链改的需求不是内生的，至少在当前一段时间内内生需求并不显著。

此外，随着信息技术革命的发展，那种完全依靠内生、内部竞争推动行业发展的时代也早就过去了。当今时代更奉行跨界竞争、越界竞争、降维打击。因此，链改的推动力量来自系统外部，也是时代发展的产物。这种外部推动的改革不同于内生需求改革。内生需求改革者往往陷于自身定位和利益难以自拔，难以一窥系统全貌。而外部改革者，往往以一个旁观者的姿态，更加深刻地洞察了现有体系的问题所在，能以改革者的姿态推动改革进行。

（2）经济激励

链改的目标是利益的创造和重组，实现效率的提升。链改过程中竞争和博弈关系必然十分复杂，因此，单单外部力量推动，未必就能够让链改顺利进行下去。社群动员必不可少。社群的最大动员力量，来自于链改以后社群获得的利益增量。因此，在做链改的顶层设计时，就必须要将社群的激励做对，也就是要将链改后获得的利益增量以及链改过程中重新分配的利益，科学合理地分配给系统内的普通节点，这也是通证设计要完成的使命。通证的作用，对于这些节点，起到了一个唤醒的功能。通证设计做对了，普通节点的利益有了增量，大量的普通节点自然会主动推动链改向深层次发展。

从数据共享到节点自组织系统的建立，是一个漫长的过程。因此，必须要有相应的激励推动这一进程加速完成。激励的载体，就是通证。贯穿中国近代革命的打土豪分田地，如果把贫下中农分得的田地类比为共享的数据，那么这些土地上收获的粮食就是对贫下中农的激励。链改过程中，通证承载的就是链改后不同节点在相应场景下获得的权益证明。

（3）技术适用

链改是区块链发展的必然结果。但区块链体系架构沿袭了比特币的系统架构，其本身并不是为链改而设计的。因此，有必要对区块链现有的技术架构进行改造，通过解构区块链的技术结构，并结合其他必要的技术，针对链改需求进行技术的再结构化处理，使之适应于不同行业不同产业不同类型的链改目标内在逻辑。

技术永远服务于特定目的。技术也并不是越先进、架构越完善就越好。以比特币为代表的区块链系统，为保证比特币系统完好运行、无双花支付等目标，消耗了大量的存储、带宽和计算资源，但这些消耗，对于链改并不是全部必要的。因此，确需通过对区块链底层技术架构的解构，重新构造与链改目的目标相匹配的技术组合，使其具有新的适用性。

（4）产业赋能

链改一定要落实到为产业赋能这个最终目标上来。否则，对原有的系统结构进行了伤筋动骨的大调整，区块链系统架构又消耗了大量资源，但最终却没能带来额外的收益，这种改革就是失败的，也是不可持续不能长久的。只有把链改的最终目标锁定在产业上面，才有可能为整个社会生产出更多的价值。

链改必须深入到产业进程和产业环节中，深刻分析产业进程和产业环节中的数据占有情况和数据流转情况。哪些数据能够全部公开，全部公开的数据是否对所有节点的业务流程优化都有必要；哪些数据能够部分公开，部分公开的数据对哪些节点公开，公开之后对这些节点的业务流程优化又会带来哪些影响。链改最理想的方式，不是从数据占有的权限上优化业务流程，而是从业务流程优化的角度，重构数据组织和数据存储方式。在此基础上，通过底层技术对数据进行的结构化组织，重新配置不同节点的功能和职能。但大多数链改，必然还是要从数据的逐步公开开始实施。通过对产业流程的优化，释放产业的最大动能，创造产业的最大化利润。

链改不可能是一次性的工程或实践。即使不考虑原有系统中心节点和普通节点在数据占有方面的博弈过程，单就随着技术的发展，也会有越来越多的知识和信息逐渐被数字化，而这些新生成出来的数据，也还有从一部分节点向越来越多节点扩散的过程。这一过程，也必然配套着相应的链改实践。

十

通证的逻辑能不能跑得通

通证曾被认为是区块链系统的灵魂，是区块链系统中不同主体所拥有权益的承载。但2017年以后，随着区块链上一波热潮涌起，通证成为各种打着区块链名义的项目方通过ICO等方式发行的融资代币。但这种代币，既非股权，也非债权，而原来被普遍认可的区块链系统中不同主体的权益，并没有以通证的方式得到体现。

同时，区块链从一开始出现，就有另外一个分支开发运行无币区块链，也就是没有通证的区块链系统。这类系统以联盟链为主，包括了Linux基金会发起的Hyperledge，R3CEV推出的Corda，国内的趣链等。

那么，区块链里的通证到底是什么？

（一）通证是什么

1. 通证的前世今生

通证是随着区块链兴起而流行起来的一个词汇，其本意是计算机网络发展早期的令牌环网中的令牌。在令牌环网中，所有节点共享同一个通信信道，但只有拥有令牌的节点，才有权力在网络中发送信息。区块链系统借用了令牌的英文Token，作为区块链中不同业务主体的权益承载和利益表达。

Token的三个发展阶段。

互联网时代，Token 指登录验证的令牌。IBM 曾经推过一个局域网协议，叫做 Ring Network，令牌环网。网络中的每一个节点轮流传递一个令牌，只有获得令牌的节点才能发起通讯。这个令牌，其实就是一种权利，或者说权益。这是 Token 的第一阶段。

自以太坊 ERC20 标准出现后，Token 进入了第二阶段。作为募集以太币的凭证，通证实现了 ICO 流程的自动化。例如通过 ICO 智能合约设定，当一个人投入以太币，就会被发放一个 Token。Token 就是投资证明，可以用 Token 置换相应的代币。正因为如此，Token 进一步发展为可以在交易所直接交易的资产。

Token 被翻译为通证后进入第三阶段。通证派的理念实际上是把通证的内涵扩大化，通证不再局限于令牌或者 ICO 代币，还具有使用权、收益权等多种属性，区块链加密技术可以保障所有不可篡改的符号都可以作为通证，如一张银行承兑汇票有可能作为通证发放给相关用户。

Token 不仅是代币，更是权益证明。Token 的最大用途不是本身成为数字货币或代币，而是作为各种数字资产、权益的凭证。

Token 在数据资产流通领域可代表任何权益的证明。作为一种数字权益证明，从身份证到学历文凭，从货币到票据，从钥匙、门票到积分、卡券，从股票到债券……几乎人类社会全部权益证明，都可以用 Token 来代表。

在区块链系统中，通证不仅仅是权益证明，通证还是区块链系统中每个个体责、权、利等核心价值的统一承载体。上面的那些权益，在现实生活中或在互联网情况下，都可以通过其他技术手段得以解决，并且也已经得到了有效解决。区块链作为一场伟大的革命，没有必要再创造出一个新名词，来对现实生活中已经存在的权益进行再一次证明。通证必然要承载一些不同于以往的内容，这些内容就是区块链系统中每个个体的责、权、利等价值的统一体。

2. 通证在区块链系统中的作用有哪些

（1）通证的使命在于实现业务流程的优化

区块链的本质是通过数据在全网范围内的一致性分发和冗余存储，使信息在更大范围内实现了透明和难以篡改，进而使系统具有了去中心化、去第三方信任、数据可溯源可追踪特征，进而给经济和社会生活注入了更多平等的要素，在金融货币领域也具有了价值传递等功能。

区块链这种特性，为进一步重构生产流程、改变生产关系、激发个体活力、解放生产力，提供了各种可能。即区块链通过完全不同于传统技术提升单点效率的推进路径和演化方式，将颠覆掉很多传统中心化流程中的环节和内容，通过对传统的组织管理流程和工作机制进行重新构架，将极大提升系统的整体工作效率。

区块链又是如何实现对中心化的组织管理流程和工作机制的重构的呢？

任何一种改变，无论是内部力量还是外部力量的推动，都必须要找到准确的突破点、合适的推进路径和恰当的推进方法。区块链为这种改变提供了技术上的可能，目前还是一种外部推动力量。如果区块链外部推动力量不够强大，则不可能对现有的业务形态产生本质上的影响。另外如果仅有外部力量的推动，而不能将这种外部力量转化为内部相关要素的内生性转变，那么这种改变也不可能演变成新的业务形态，更不可持续。

内部要素改变的关键是每个个体自身在新的系统架构下责、权、利关系的重新配置。只有在外部力量推动下的内部要素的改变，变革才有可能从根本上发生。在以往的中心化系统中，责、权、利分别由不同的载体承载，其间关系也并不匹配。在区块链的新的系统架构转换背景下，有没有可能有一个统一体承载这些内容，并对这些内容进行重新配置和调整，通过这些内生要素的重新配置和调整，推动传统中心化系统架构向区块链去中心化系统架构的改变呢？

我们认为，区块链实现重塑生产流程、改变生产关系、提升生产效率其实就是依据通证。正是通证实现了区块链这一伟大的理想，区块链系统业务流程重构的重大理论作用和现实意义，必须通过通证这一抓手来实现。否则，区块链改变生产关系的伟大理想也无从落实。区块链通过通证以实现价值载体、业务流程、节点的设计、运用和实现。通证成为区块链场景交互中的核心要素，以实现不同关系的连接、流通的促进和价值的布局。

在区块链重塑整个社会各领域业务流程的过程中，通证至少有两个方面的作用。

第一个方面是在传统的中心化的生产组织关系向区块链背景下的去中心化生产组织关系改变过程中，通过责、权、利的重新匹配，实现业务流程的重构。

第二个方面是在已经去中心化的业务流程中，通过通证，保证整个系统的良性运转以及对业务流程的进一步持续优化。

（2）通证的作用是如何实现的

通证是区块链业务场景中的主导要素。正是通证，实现了区块链业务场景中不同关系的连接、流通的促进和价值的重新布局。

通证是如何实现重塑生产流程、改变生产关系、提升生产效率的呢？在去中心化、去中介化、数据公开透明不可篡改的技术背景下，通过对中心化业务场景中原有的价值载体、业务流程、价值节点进行重新规划和设计，对中心化业务场景下不同个体的责、权、利进行重新匹配，驱动整个业务系统由中心化向去中心化、由多中介化向少中介化甚至无中介化、由大部分数据不公开不透明向更多数据公开透明的转变，实现新的业务流程的重构和落地，进而提高整体工作效率，这是区块链这一革命的伟大目的。而在这个过程中，不同个体的责、权、利的重新匹配，正是通证作用的实现方式。

3. 通证存在哪些局限

通证将重构整个社会的生产和生活流程。但正如区块链有其固有的应用场景，通证在应用上也存在它固有的局限，并不能达到放之四海而皆准的程度。那么，通证设计的边界又在哪里呢？

通证本是要实现不同应用场景下不同组织流程中不同个体的责、权、利的重新匹配。因此，不同个体在不同应用场景、不同背景下的责权利，必须要能够度量并可重新配置，否则通证将无从发挥作用。也就是说，在价格理论不起作用的地方，通证往往无能为力。如在亲情的维系、友情的建立等不能以价格多少进行计算和衡量的社会化系统方面。又比如，在知识经济时代作为主要生产资料的数据方面，由于具有广泛的可分享性，且其边际成本为零，数据分享在通证设计上如何体现和度量，至少在目前没有好的方案。

（二）区块链不要通证到底行不行

区块链系统依据应用面向对象，分为公有链、联盟链和私有链。有区块链不一定要有通证。

1. 公有链为什么可以不要通证

因为公有链逻辑链条简单，业务流程短，即使在公有链上需要承载不同主体的权益，这种权益也不可能特别复杂，最多是对传统已有权益的替代。因此，公有链可以不要通证。

Jade 在微信公号“禅与宇宙维修艺术（ID：cosmosrepair）”发表的《通证经济悖论：激励机制、社会生产、后资本主义》深刻指出：“如果经济激励对某种行为动机是有用的，那 Token 一定不如法币或更稳定的货币更有效，因为它们才是有购买力的真金白银。如果经济激励对某种行为无效，那么无论多么完美的通证设计都会失效，因为违背的是人性规律本身。如果钱可以驱动某种事物，那资本主义势不可挡地发展几百年，还会把机会留给我们吗？”

2. 联盟链最需要通证设计

联盟链可以实现对原有业务流程和组织架构的重构，在理论上，这种重构不通过通证设计也可以实现。但如果不通过通证承载相应的利益，就需要通过顶层设计，直接与原有体系中的各种利益既得者和原有的体制机制发生正面冲突和博弈。这种冲突和博弈需要付出多大代价，最后博弈结果如何，恐怕还真不好计算。

而区块链系统通过通证，将原有利益结构下的各种权益进行解构，解构之后再重新加载到不同的利益主体之上。通过这种利益驱动，原来被组织的各种利益主体将主动进行新的利益重组和业务流程自组织，自下而上实施新的结构化改革，显然其推进速度会更快，推进效果也会更加明显。

而所谓无币区块链，仅仅是提供了联盟链的信息技术架构，并没有提供业务流程优化的抓手。在这一点上，无币区块链作为区块链系统是不完整的。

摩根大通是一家业务遍及全球的金融机构，但其集团内部各机构间的业务往来，必然要受制于各国政府以及各个政府不同的制度安排的管控，其业务效率受到极大制约。如果不通过发行通证，而是直接在原有的体系架构和业务流程上进行改造，就必然要由摩根大通逐一和各国政府机构进行谈判，谈判成功的可能性微乎其微。但摩根大通以自身的信誉和存在银行的资产作抵押和担保，通过发行自己的代币 JPMCoin，用于其业务体系内的机构客户间的业务结算和清算，既很好地规避了各种政府监管，也得到了近乎实时的清算效率。摩根大通的这一作法，从另外一个角度，促使各国政府和机构重新审视自己对跨境业务监管的法律法规。

3. 私有链可以有通证，也可以没有通证

私有链更多用于小范围的固定组织内的单一业务场景。通过对固定范围内的信息和数据的共享，可以进一步优化组织内部的管理体系和工作流程，明确责权利。

因为私有链局限于单一业务场景和固定范围，其中心化程度较高，业务关系和逻辑关系也都相对清晰，原有体系应该有比较完整的 KPI 指标，不再需要额外的利益载体再来重新加载原有的利益配置。但如果原有的 KPI 指标体系完整程度不够，或出于某种原因在公开公正角度还有一定的欠缺或不足，则可以考虑在原有 KPI 指标体系之外，再加载相应的通证设计，对原有的 KPI 指标体系做到有益的补充。

（三）为什么通缩类型的通证设计必然会失败

自从比特币系统确定了 2100 万枚的上限之后，大部分区块链项目的通证设计，都沿用了这种固定上限的通缩设计。

从项目发展角度来看，区块链项目通证价格上涨来源大体可分为三个方面。

其一是项目未来的发展前景，也就是项目的基本面，这与传统项目 IPO 之后的表现类似。

二是随着越来越多人进入这个体系，无论是消费者还是投资者，由于体系内产品或服务都以通证作为流通交换工具，因此会快速提高通证持有者人数，减少体系内流通的通证数量，同时投资也会减少体系内通证流转流通数量，在人们追涨杀跌盲从心理的作用下，通证价格也会被快速拉高。

三是通证发行的固定上限以及通证在使用流转过程中的燃烧消耗，会使得通证数量越来越少，即使在项目自身发展前景不发生改变的情况下，通证价格也会越来越高。

但从长远来看，这种模式不可持续，其关键在于通证的设计。

假设项目本身的产品（服务）不发生改变，也就是人们对项目前景的预期不发生改变的情况下，一是通证在流转流通过程中的燃烧，会使得流通中的通证数量越来越少，到一定时间后甚至有减少到零的可能。二是由于产品（服务）的使用和消费，需以通证为交换媒介，同时投资者也会持有通证，由此就导致越来越多的通证在潜在消费者和投资者手中，而流转的通证数量越来越少，这将导致通证持有者更加珍惜手中持有的通证，会持证待涨，而不会去消费产品（服务）或出售通证转，这又会抑制产品（服务）的进一步发展。

如果项目本身的产品（服务）向好的方向发展，人们将更加看好项目的前景和预期，这又会进一步强化通证价格的上涨预期，进一步加速通证的通缩情况发生。如果项目本身的产品（服务）没有达到预期效果，项目也会快速失败，这种情况下通证的价值就更无从谈起。

（四）什么是好的通证设计

区块链应用的重点在联盟链。联盟链的作用，是在所有节点拥有相同数据的基础上，通过赋予通证各种对应的权益，推动和促进各节点更加快速和顺利地实现节点间的自组织和业务流程的重新架构，进而实现系统去中心化和去中介化的目标，最终提高生产生活效率。

区块链要实现的目标，本质上也是我们国家40年改革开放追求的进一步市场化的目标，同时也是我们国家目前正在进行的结构化改革的重要内容，也是要让市场发挥基础性作用的最有效途径。在这场结构化改革中，区块链的通证设计提供了自下而上的另外一条道路，即不是通过由上而下直接改革原有的业务流程，不是直接调整和更改相应的制度、法律和规定，而是自下而上，通过节点间的自组织，直接实施业务流程的优化。这一路径也是为中国40年改革开放的历史和经验所验证的，是另外一个维度的更深刻的改革。

1. 市场通证设计的现状

从通证的作用出发，可以明显看出，目前很多号称的“通证”，实际上并不是真正的通证。随着大量区块链项目的出现，ICO迸发了出来，ICO项目方发行的数字凭证不是通证。ICO项目方将通证作为吸引资金的数字凭证，并以传统资金盘的玩法，将通证作为返点的替代物。同时也在二级市场销售Token。这种Token只是代币的概念，不要说价值承载，就连权益的概念都没有，更不要说用来改变业务流程了。这种打着通证旗号的新融资方式迅速占据了人们的眼球，随之社区和社群也随着就成为了区块链领域炙手可热的词汇，区块链本来改变生产关系的良好初衷也被引入了歧途。

目前市面上普遍流行的所谓的通证设计，也不是真正的通证。这种通证设计，着眼于对消费端进行激励，以传统的二级分销甚至多级分销模式，对用户的消费行为和拉新行为通过返点给予通证奖励，直至把用户由消费者变成消费商，这实际上仍然是互联网背景下积分的一种应用。这种应用，最多只能算是通证在某一个环节下的一种极其简化的应用，不是真正的通证。

通证经济系统设计是通证经济的核心和难点，也是区块链项目的核心。好的通证设计可以调动所有的社群人员一起推进项目的发展，调动全世界范围内群体的协作。通证经济设计是针对整个经济体，建立生态系统，在整个系统中进行多方角色的激励机制，从而形成共同的利益捆绑，实现真正的共赢。

区块链系统中，构建一套能够良好运转的通证经济体系，是保障生态能够长期持续稳定发展的基础，那么如何设计通证，实现通证发挥的作用以及怎么样才能将通证设计好呢？

2. 通证如何设计才能发挥作用

通证设计必须要能够落地，要有可执行性。否则，再漂亮再完美的设计，都会是一张废纸。具体体现在以下几个方面。

（1）通证应该由谁来设计

通证由谁来设计，如何发放，这是以往绝大部分区块链项目忽略的问题。

我们必须看到，大部分系统，无论是信息系统，还是组织管理系统，都已经形成了固有的既得利益阶层。这些既得利益者掌控着数据，同时也掌控着利益分配。从他们自身的利益角度，是极难由他们来设计一个科学合理的通证系统的。

因此，通证设计的最大可能，就是由原有体系之外的另一个第三方来进行规划。马云曾说过一句话，“如果银行不改变，我们就改变银行”。通证的设计，也同样需要一个强大的第三方，无论是从公益的角度，还是从第三方自身利益的角度，以创新的力量，来做一个全新的设计和改造。

因为这种改造，必然会触动无数既得利益者的利益，因此，这种外部力量必须足够强大。从这个角度，通证设计以至实施，不可能是草根阶层或创业团队可以胜任的工作。因为草根阶层和创业团队，自身的力量太小，信用度也完全不够。

区块链也不可能是草根阶层崛起的机会。在很大概率上，区块链是另一个中心化的节点代替了原有中心化节点的过程，但在这一替代过程中，新的力量崛起了，新的业务流程形成了，新的组织架构生成了，而大部分人在这个过程中是受益的。

当然，在具体操作和实施层面，通证必然是专业人士设计，但其操作一定不是专业人士的事情。就类似于人民币的设计是专业人士的事情，但其发行和监管一定是央行。

（2）通证设计的前提是所有节点在占有数据上的一致性

通证是推进市场化改革和结构化改革的又一抓手，但这一抓手一定是建立在系统内所有节点占有数据完全对等的基础上的。如果脱离这一前提，不要说通证设计，连区块链系统也就没有存在的意义了。因此，必须认真研究区块链系统建立前后，在数据的一致性占有方面发生了哪些变化。即原有的中心节点公开发布了哪些数据，这些公开发布的数据，在业务流程和组织架构上可能会带来哪些方面的优化，哪些中心环节和中介环节有可能被去掉。

另外也要关注还有哪些数据没有被公开发布，公开发布的数据和未公开发布的数据是什么关系，在业务逻辑上是相互独立，还是有内在的关联。也就是需要对系统的数据流、数据归属、数据权限要进行深入分析，这样才有可能建立起合适的通证设计的框架。

（3）通证设计必须结合场景实现流程优化

区块链的产业优化重点在联盟链，在于实现产业组织优化和产业业务流程的重构。因此，通证的设计必须结合产业特点，必须要深度匹配产业原有的业务逻辑，解决该产业原有的业务痛点。这一点也是对数据全网范围内一致性分发和冗余存储带来的资源耗费的补偿。

通证所承载的权益，必然是与特定产业、特定场景和特定的流程环节息息相关的。通证的设计、流转和通证作用的实现，也必然是局限在特定的产业逻辑范围内，是对该产业逻辑范围内相关节点的利益进行的调整和再分配，是对相关产业业务流程的进一步优化。不存在通用的通证设计方案。

在通证设计过程中，要准确区分两个阶段以及两个阶段之间的联系。这两个阶段，即原有数据中心化存储阶段和区块链改造以后的数据去中心化全网一致性分发和冗余存储阶段。在前一个阶段有哪些场景、环节和流程，每个场景、环节和流程中有哪些不同的主体，这些主体的利益点在哪些，利益空间有多大。在后一个阶段，其业务场景、流程和环节，与第一个阶段又有哪些不同，多了哪些场景、环节和流程，又少了哪些场景、环节和流程。这些变化了的场景、环节和流程，改变了哪些主体的利益以及是向哪个方向改变的，是增加了还是减少了？增加又增加了多少，减少又减少了多少？对于那些没有变化的场景、环节和流程，也要分析这些场景、环节和流程中的不同主体，在两个阶段的调整过程中，他们的利益有没有受到影响，受到的影响有多大，是哪个方向的影响。

在两个阶段所有场景、环节和流程的业务参与方的利益，将以通证为载体，得到数量上的重新计算和重新匹配。为确保新的业务流程和组织架构能够顺利实施，基于帕累托最优改进原则，还务必确保在新的业务流程中的业务参与方在利益获得上不低于他们在原有业务系统中的利益获得，这样才能顺利推进通证设计能够汇聚更多力量，得到最大程度的推进。

此外，如果能够再进一步对数据归属进行重新界定，就应该基于业务流程梳理基础上的业务流程重构，来倒推决定需要公开哪些数据，这些数据需要对谁公开，公开之后谁受益、谁受损以及在哪些环节受益，又在哪些环节受损。受益或受损的规模有多大，需要不需要进行利益补偿。如果需要利益补偿，又由谁来支付利益补偿需要的利益。

在业务流程梳理分析和商业逻辑构建之后，才是构建数据流模型。除了公开哪些数据，对谁公开之外，还要深入分析通证设计以后的业务流程中，哪些节点可以自组织，自组织的前提和基础都有哪些，对现有的组织架构造成多大的冲击，如何调试这种冲突以及在此基础上的区块链系统，是按照一次性到位进行系统架构的设计，还是分级分步分阶段实施。

通证的设计，复杂而繁琐，是经济机制设计的最核心内容，也是必须要与产业场景发生深度关联的。但目前绝大部分项目的通证，其设计是与项目所在产业逻辑无关的。这种通证设计，放在哪个项目上都可以，因为通证设计并没有基于业务系统内部的逻辑和流程调整。

（4）通证设计要高度关注可执行性

通证设计的理想和理念再好，也要经过落地实施检验。不能通过实地检验的通证设计，没有任何意义。

在通证设计实施方面，除了在通证设计本身的前提、产业业务逻辑梳理、相关人的利益获取和利益补偿、产业结构的改变和业务流程优化之外，更重要的是要通过通证设计，能够动员更多人参与到以通证为载体，驱动原有体系向区块链体系的过渡过程中来。

通证设计除了在设计阶段要关注不同利益方的利益表达方式和利益表达内容的调整，很重要的一个方面，还要实现通证与相关权益的绑定。通证设计再科学合理，但毕竟是数字层面的内容。而更多的权益，却体现在数字经济层面以下，在活生生的现实生活之中。因此，如何实现通证与现实生活中更多权益的深度绑定，是区块链系统在实际执行过程中必须高度关注的事情，也是区块链系统改造成败的最关键一环。

智能合约或代码，可以在一定程度上保证通证的可执行性。但代码或智能合约是建立在业务体系或业务流程已经数字化的基础上。对于未数字化的内容，如何由通证来承载，仍需要线下或链下的制度安排，比如法律制度，以确保通证承载内容的可执行。

同理，通证设计可以通过公开源代码、本地编译、一致性完整校验等方式方法确保一定程度的公信力。但任何代码都是由人来完成的，必然存在逻辑上的不完备，因此仍然需要线下的一些制度安排为其公信力背书。

3. 如何设计好的通证

根据区块链重塑整个社会各领域业务流程的过程中，通证发挥的着两个方面的作用。好的通证设计还必须要考虑以下内容。

通证设计必须建立在区块链具有的去中心化、数据公开透明和不可篡改等特性基础上，与目标系统实施的结构化改革一并进行，是非常精细化的工程。

通证设计必须详细分析原有的中心化系统存在的不足和弊端，哪些是可以重构得以解决，哪些不足和弊端仍然无法得到解决？系统架构调整后新的业务流程又得到哪些提升，还有哪些业务流程得不到提升，仍然需要维持中心化架构或维持不同程度的中心化架构？

在梳理业务流程和组织架构，并计算不同流程和架构效率基础上，还需要进一步分析不同用户主体在原有中心化架构下与新的去中心化架构下的行为、权利和责任，以激励相容原则为指导，进行全面的计算和比较，保证新架构下的绝大部分用户主体在利益方面上有增量，对于新架构下极少部分利益受到损害的用户主体，要通过系统架构的精准调整和责、权、利的进一步匹配给予必要的补偿，否则整个系统架构的调整将会受到极大制约，甚至无法施行。

同时通证设计过程，是不同用户群体共识形成的过程。通过通证设计，将区块链新的组织架构模型带来的外生推动力量逐步转变为系统内所有用户群体的内生驱动力量，以推动原有系统的去中心化、去中介化系统改造和平稳快速转变，并保持新系统的稳定。

通证经济系统的设计是对资源投入和收益的重新匹配，这个过程一定要伴随着总体系统效率的提升，一定是对原有系统做出的增量改革，否则调整和改革就没有必要进行。也正因为是增量改革，才有可能实现帕累托最优原则，即所有人都是受益者，只是受益多少的区别。

通证项目的整体价值取决于通证项目的自身固有价值，更取决于通证设计去中介化架构带来的整体效率提升。此外，好的通证设计能够连接更多的经济体，扩大连通范围，通过通证在新的经济体内的表达，使得更多资源在更多经济体内重新进行高效配置，带来更大程度的效率提升。

但是通证设计也不是范围越大越好，还要注意通证的价值可承载范围。场景越大，业务逻辑就越复杂，通证承载的内容就越多。而很多内容，在本质上还存在一定的矛盾之处，甚至不可调和。因此，在实际的业务场景中，多通证也是需要考虑的，即针对不同的业务场景，设计不同的相互联系又互相独立的通证系统。

在具体的通证设计过程中，又需要分层、分级、分类、分时，在具体场景中发现和体现价值。没有一种通证可以适合所有场景。每一个通证系统设计，一定是具体的、独特的，与业务场景一致的。不存在超过具体业务场景的通用的通证系统设计。

此外，无论通证流通范围的大或小，通证的设计一定要立足于经济系统自身流通的场景和节点，通过严密的分析和计算，并在系统运行过程中时时试错、时时调整，才有可能构建出与新的去中心背景下精简的业务流程相匹配的新的高效的业务流程和架构。

BLOCK CHAIN
FOR CONSORTIUM

DR. GAO'S OBSERVATION
OF BLOCK-CHAIN

第二部分

区块链项目研判

区块链发展初期，各类项目良莠不齐泥沙俱下。哪些项目有发展前景，哪类项目值得投资，项目如何才能落地，如何才能创造价值？

一

怎样选择靠谱的区块链投资项目

自区块链诞生以来，市场通过 ICO、IMO、IEO 等方式收割“韭菜”的同时，也给普通人带来了大量的投资机会，一夜暴富的神话也不在少数。随着区块链行业的发展，越来越多的投资机会摆在了投资者的眼前，但是，怎样才能做一个不被收割的“韭菜”？草根如何才能选到有价值的区块链项目进行投资？空气币、模式币、价值币真的可以投资吗？

在回答这些问题之前，投资人需要做的事情就是知己知彼。

（一）空气币项目有投资价值吗

1. 什么是空气币

所谓空气币项目，是指本身没有内在价值的项目，相反，价值币项目就是项目本身存在相应的内在价值。

从字面上直观理解，这个定义没有问题。但如果深究下去，就会发现这个定义与我们的日常认知产生严重冲突。比如，比特币是不是空气币项目？

从《比特币白皮书》来看，比特币系统创造了一个点对点的电子现金系统，利用密码等技术防止了交易双花问题的出现，有它的应用场景和内在的逻辑。但比特币系统完全建立在自身系统之上，是一个自足的封闭系统，并不是建立在现实生活场景之上。因此，从实际应用来讲，比特币没有内在价值，是一个完全符合定义的空气币项目。

黄金也是。如果从自身内在价值来讲，黄金是人类历史上持续时间最久远的空气币。黄金在工业和生产上确实有一定的使用价值，但黄金的使用价值远远小于它自身的价格。也许有人说黄金在美观方面有它的价值，比如做成首饰彰显高贵，或用于其他方面的装饰性用途。可是，如果黄金没有那么高的价格，还会有人拿黄金做首饰或做装饰吗？如果不是全世界有足够多的人和足够多的国家相信黄金有价值，那么黄金的价格早就应该回归到它本身在工业和生产上的价值，而不会产生那么高的溢价。

2. 空气币有投资价值吗

从历史和现实情况来看，比特币和黄金肯定具有投资价值。但其他的空气币项目，如目前币值归零的大部分没有内在价值的项目，也有投资价值吗？依照我们的理解，空气币没有内在价值或只有很少内在价值。但从上述两个例子可以看到，有的空气币也有价格，而且还有很高的溢价。这又如何解释呢？

事实上，空气币有价值并不代表币本身存在内在价值。它的价值产生于人类的集体共识，其价值的高低则取决于信任者数量的多少以及信任程度的强弱。当共识破灭的时候，这类空气币的价格就会瞬间断崖式下跌。历史上的郁金香泡沫、南海泡沫无不是如此。

空气币项目一般情况下不具有投资价值。像比特币这一类没有内在价值但又有极高溢价的项目，从整个人类历史来看也是太罕见了。

如果我们不过分纠缠于投资和投机概念区分的话，对于专业投资者，尤其是量化交易者而言，任何空气币项目都有投资价值。他们利用专业性工具，更深程度洞悉人类投机本性，在这类币的价格涨跌中进行多空双向波段性操作，从其他人的投机中获取他们自己的投机价值。也就是说，这些专业投资者在空气币项目的投资操作过程中，实际上充当了割普通投资者（普通投资者不具有专业分析能力，也没有专业的投资知识和投资工具）“韭菜”的角色，当然，也存在专业投资者被“割韭菜”的可能。

（二）区块链项目有哪些特性

1. 什么是区块链项目

为分析方便，我们把打着区块链旗号的项目都归为区块链项目。不仅在于它是否采用了区块链技术或利用了区块链理念，从融资角度，我们把所有通过 ICO、IMO、IEO 等被国内法律法规禁止的渠道融资的项目，均列为区块链项目。

以往的项目融资，除了非法融资项目外，多是面向合格投资人或机构投资者，极少有直接面向普通人开放融资通道的。当然，那些采用区块链技术、利用区块链理念，但通过传统渠道融资的项目，不存在非法融资问题，也在我们进行价值投资分析之列。

2. 区块链项目的特性

区块链本身的这种颠覆性作用以及大量区块链项目沿袭下来的习惯性做法，使得区块链项目与传统项目相比，有了一些明显的不同。具体如下。

区块链项目普遍格局特别大。传统项目一般会基于目前人类社会、经济、文化、生活中某一环节或场景存在的问题或痛点，进行技术化改造，以提升效率或改善用户体验。而区块链项目动辄就要改变全世界或重新构建社会、经济、文化、生活秩序，极少从某一具体的环节或场景出发。

区块链项目融资标的特别大。传统项目在基石轮或天使轮，融资极少有千万元人民币规模，通常在几十万到几百万不等。而很多区块链项目在仅仅只有一个白皮书的情况下，就动辄融资几千万甚至上亿元人民币或等值的加密货币。

区块链项目普遍采用通证进行融资。传统项目往往采用股权转让方式进行融资，项目进行到哪个阶段，估值多少，股份转让份额多少，都明确可查可计算。大部分区块链项目设计和采用了通证，在根本不具备 IPO 资质的情况下直接沿用 IPO 二级市场模式进行融资，但又很少有股份的概念在里面。

区块链项目从一开始就普遍高度重视社群运营。传统项目在早期阶段，所融资金大部分会用于项目自身的建设和发展，即使是直接面向终端用户的消费产品或服务，也很少会在项目一开始就将融来的资金大量用于消费者的动员上面。而大部分区块链项目在通证设计中将大部分资源用于建立和维护社群运营，社群也成为融资来源主渠道。通过通证设计，将投资与消费两种角色合二为一，但用于项目自身建设和发展的比例却极低。

区块链项目的融资几乎一步到位。传统项目融资一般会分为种子轮、天使轮、A 轮、B 轮一直到 C、D、E 轮，最终被并购或 IPO 上市。每一轮融资都需要较长的时间间隔，在下一轮融资前都需要有商业模式进一步落地、技术取得更大突破、收入或收入预期得到更大程度实现的过程。而区块链项目融资则追求融资一步到位，基本上等于项目直接 IPO。对比传统的风险投资逻辑来说，这相当于给了处于种子期的项目一笔上市套现的资金。由于监管和信息披露制度的缺失，这种操作面临的风险不言而喻。

（三）如何进行区块链项目的价值研判

区块链项目与传统项目相比，自身有着比较独特的属性。相应的，在作为投资标的时，区块链项目也会有一些特性所在，但更多的还是相同或相通的地方。

1. 项目投资的一般逻辑是什么

无论是对区块链项目，还是传统项目，在进行投资价值判断时，一般会从以下几个方面进行研判：一是项目立意和外部环境，二是项目团队，三是项目自身的逻辑和商业模式，四是项目进展及面临的风险。

（1）项目立意和外部环境

项目立意主要是研判该项目将要解决哪些问题以及这些问题是真问题还是假问题，是根本性问题还是表层问题，是必须要得到解决的问题还是可解决也可不解决的问题。如果该项目要解决的问题是真问题，是根本性问题，也是必须要得到解决的问题，则说明该项目抓到了根本和痛点。否则，该项目的立意就需要进一步分析研究。

外部环境方面则要分析该项目具体的外部条件。比如，国内外有没有相同或类似项目的团队？竞争团队的水平以及项目进展程度如何？该项目的合法合规性如何？有没有政策不确定因素？如项目在合规性方面存在问题，或政策有较大不确定性因素，有没有规避性的预案，以及如何规避？

（2）项目团队

任何项目都是由团队完成的。尤其在项目初期，投资项目在某种程度上就是在投人。一个靠谱的团队，哪怕项目立意或外部环境存在这样那样的问题，但也能让人相信他们可以解决和克服这些问题。否则，项目的立意再好，外部环境再支持，如果创业团队不给力，也往往会让投资者望而却步。

对于一个项目团队需要考查成员是否真实。在确保真实有效的基础上，还需要考查主要成员的过往经历，团队的知识结构、年龄结构、性别结构，团队内在凝聚力和磨合完成度等多个维度的要素。

初创项目的团队，大多数是刚刚组建的团队。因此，团队主要成员的过往经历、团队的内部结构以及团队成员之间的相互配合程度就显得特别重要。任何一个项目的创建，既要求初创团队每一个人都能够创造性地高质量完成自己的任务，更要求团队互相配合，发挥出每个人的全部优势。毕竟，初创项目面临着更大的内外部不确定性，远不是成熟项目成熟团队按部就班就可以应付得了的。

（3）项目自身的逻辑和商业模式

项目自身的逻辑更多侧重于项目的技术性解决方案，具体包括方案的可行性、科学性和经济性。这就需要深入到项目内部，针对项目要解决的问题，逐一考查项目实施难度和实现的可能性，有些情况下还需要聘请专业人士帮助进行评判。比如，该项目要解决的是一个关键性问题还是一系列问题，问题与问题之间有哪些关联，又有哪些区别？有没有其他的更优的解决方案？在该项目之前，有没有其他团队做过相关尝试，尝试取得了哪些进展，尝试失败的原因又是什么？该项目的解决方案与以往的项目解决方案又有哪些区别？为什么这个方案可以成功，什么因素能够保证该方案的成功？

商业模式需要考查的是应用驱动型项目未来的利润点在哪里，是单一利润点，还是多个利润点？利润空间有多大，利润获取是否可持续？如果可持续，利润空间是随着项目的进展持续放大，还是到哪一个阶段就会遇到利润天花板？

绝大多数商业项目都是应用驱动型，而不是技术驱动型。技术驱动型项目主要考虑技术的突破和实现，而不会考虑该技术的未来商业应用。技术驱动型项目的投资方一般情况下是政府、大学或研究机构。应用驱动型项目是应用已经成熟或基本成熟的技术，以解决现实生活中的痛点，直接创造经济效益。应用驱动型项目，作为一种商业活动，需要考虑该项目的投入产出比。这也是市场化条件下投资人未来收益来源。

（4）项目进展及面临的风险

项目进展是指要考查项目建设所处的阶段，是仅有白皮书或商业计划书，还是项目进行到了某一个特定时期，有了一定的前期成果？一般的，项目所处阶段越初期，项目的融资额度就越小，未来可能收益率就越大，项目自身发展面临的风险也就越大。项目已有成果越丰富，项目的融资额度就越大，未来可能收益率就会越小，项目自身发展面临的风险也就越小。

项目面临的风险，主要包括了两个方面，分别是项目自身发展面临的风险，可能会遇到的外部环境和外部条件带来的新风险。项目自身发展面临的风险既有技术实现方面的，也有团队建设方面的，还包括资金筹集和支出方面的。此外，初创项目往往伴随着外部环境和外部条件的极大的不确定性，这种不确定性，既有可能来自政策性因素，也可能来自于竞争对手。任何一个因素，都有可能导致项目夭折。因此，需要时时对项目内外部的风险来源、风险的危害程度进行定性化和定量化研判，追踪风险出现的可能轨迹，并预判未来新的可能性风险，进而综合判断项目的可行性、投资额度和未来收益。

2. 区块链项目有哪些独特性

与传统项目相比，区块链项目在内容方面还多了两个比较独特的内容：通证设计和社群建设。

（1）通证设计

通证设计是区块链项目中极其考验设计能力的关键环节。通证设计的思想是试图将投融资、消费、权益、激励等各种要素统一集中在通证上面，通过通证的设计和流转，构建良好的理想化生态系统。

通证的使命在于实现业务流程的优化，但在区块链系统中的具体作用至少包括以下四个方面内容：第一，通证是项目方融资载体，类似于股票；第二，通证是项目体系内流转流通的一般等价物，可用于项目生态体系内的产品购买或服务消费；第三，通证是项目生态体系内所有业务节点的激励和惩罚工具；第四，通证是业务生态体系内利益分配和调整的工具。

作为项目投资者，至少需要从以上四个方面对项目的通证设计进行验证和逻辑推理。如果通过考查验证和逻辑推理，通证设计能够有效实现以上功能，那么这个通证设计就是成功的。否则，就需要对项目的内在通证逻辑进行重新审视。

（2）社群建设

社群本质上是在互联网社区基础上做的进一步的连接：连接人与信息、连接人与人。通过建立社群成员之间的强信任关系、强利益关系、强共识关系，降低搜索成本和交换成本，形成强生态关系，这个过程也是社群建立的过程。

在区块链概念兴起后，社群的概念又被拉升到了新的高度。理论上，在区块链系统中，所有参与者以共识为纽带进行连接，社群既是项目建设的组织方式，也是项目的运营方式。实践中，参与区块链项目的人群根据职能和定位不同，被定义为不同的社群，包括投资者社群、研发社群、消费者社群等。在项目前期，研发社群是项目的中坚和推动力量，投资者社群对项目能否正常推进起着至关重要的作用。消费者社群是项目长远持久发展的最重要保证。

因此，系统设计者如何提出共识，强化共识，凝聚共识，通过共识宣传并配以更多的组织行为方式，将更多人组织在项目的社群生态里，也是必须要考查的内容。共识强了，相信和参与的人多了，项目的可持续性才会更强。如果共识本身缺少认同，不要说项目的可持续发展，项目是否能够启动，可能都要打问号。

（四）进一步精准研判区块链项目的价值

我们从常规评判角度对项目的一般性投资评判标准进行了分析，并就区块链两个独特的内容，通证设计和社群建设进行了讨论。在具体研判区块链项目时，还有哪些要素需要进一步关注，以做到更加精准呢？

1. 细化评判指标

在不同的时间、区域，对于不同类型的项目，在评判原则之下，还需要有一些更细致的评判指标。比如，项目的募资采用STO模式在中国会面临合规性问题，但在美国就不存在这个问题。

2. 评定指标权重

有了评判项目投资价值的一级指标和二级细分指标，还需要对各指标进行权重分配，这样才能对项目投资价值进行量化分析。

给项目评判指标赋予权重，是一项相当专业的工作。既需要很多投资方面的专业性知识，也需要有对投资领域内在逻辑的精准把控。同时权重的赋予还与不同投资者的个人投资经验和投资偏好有关系。

作为普通投资者，在没有专业性的投资知识以及个人投资经验教训生成的投资偏好的情况下，可以大体对项目评判指标进行综合评定，如将每个项目指标评定为三级：好、中、差。对于有“差”评指标的项目要尤其小心，或者直接否决，或者请专业人士帮助进行进一步的评判。

需要说明的是，从投资角度来讲，基本不存在所有指标全是“好”的情况，因为很多指标内在的逻辑关系就是反向的。比如未来预期收益和风险两个指标，未来预期收益高，必然风险也高；风险低，未来预期收益一般情况下也不会高。基本不可能存在未来预期收益高，同时风险又低的项目，但却可能存在风险高、但未来预期收益低的项目。

此外，还要时时关注项目进展。

以上内容从静态视角分析了空气币项目和价值币项目的投资内在逻辑。但还存在一种可能就是，从商业计划书或其他方面来看，都应该是价值币的项目，被团队生生做成了空气币项目。可能原因有两个方面，一是项目团队只做了项目的设计，并没有打算在融资之后将项目真正做下去；二是团队的执行力远低于策划能力，致使很多好的想法无法落地。

区块链在给普通投资者带来直接进行项目前期投资机会的同时，也给投资者带来了极大的风险。投资者务必小心谨慎，具体行为上可以做到：

①动辄改变世界、无具体业务场景的，不投；

②团队不真实或不靠谱的，不投；

③业务逻辑不通或看不懂的，不投；

④商业模式有缺陷的，慎投；

⑤外界环境不明朗的，慎投；

⑥面临风险比较大的，慎投；

⑦通证设计有缺陷的，慎投；

⑧社群组织建设方案缺失的，慎投。

三

哪类区块链项目能熬过这个冬天

（一）最多3～5年，99%的底层公链项目都会死掉

当币圈的疯狂刚刚谢幕不久，与行业“凉凉”景象相反的是，公链竞争的繁荣突然被引爆，无数企业争先恐后地开发公链，忙碌得不亦乐乎，造成了公有链项目的泛滥。

那么，这些底层公链项目会迎来下一波风口吗？能否解决所在领域的痛点吗？

我们认为，最多3～5年，99%的底层公链项目都会死掉！

公有链被普遍认为是区块链系统的操作系统，是区块链技术的未来发展方向。但公有链只是区块链系统中的一类项目，联盟链和私有链是区块链系统中的另外两个类别。无论是公有链、联盟链还是私有链，确实会有一些共同的功能组件，将这些共同的功能组件打包集成，有可能形成功能类似于目前操作系统的系统软件。在此基础之上，这些功能组件经过必要的功能扩展，对外提供相应的API或SDK，供上层应用调用。但这项工作，体系架构庞杂、技术要求高、工作量大、投入多、周期长，远不是目前十几人或几十人的小团队在百万或千万级别的投资上能够胜任的。正是因为这些因素，所以，最多3～5年，目前99%的底层公链项目会死掉。

此外，目前区块链系统仅能处理“交易”，而不能处理“生产”和

“生活”，“交易”会降低交易成本，但不能创造价值，因此，单纯的区块链系统其未来应用必将受到极大制约。因此，在梳理清楚区块链自身体系架构基础上，如何进一步拓展区块链处理内容，使区块链系统与传统的数据库系统、大数据系统，物联网、人工智能相结合，是区块链从业者必须要面对和解决的问题。区块链的未来需要通过技术融合，突破目前技术手段的限制，覆盖更多的应用领域，进一步拓展新的应用空间。在这个过程中，不同企业可依据自身特点和优势选择合适的着力点和发展路径。

对目前从事区块链底层公链开发的中小企业，建议及早转型，或者集中资源聚焦于区块链体系中现存的单点技术问题进行突破，或者转到区块链应用系统开发上，结合具体的应用系统，再结合传统的 IT 技术，做落地应用开发。这有可能是中小区块链技术企业比较现实的可行发展路径。如果有比较强的技术研发能力，则可以考虑从事区块链系统与其他系统的融合，比如区块链 + 大数据，区块链 + 人工智能，区块链如何处理“生产”和“生活”等。

（二）哪类区块链项目能熬过这个冬天

区块链行业经过了 2017 ~ 2018 年过山车一样的起起伏伏，转眼就到了 2019 年的冬天。站在这个时间档口，能够深切地感受到整个行业即将到来的彻骨的凉。从 2019 年冬天开始，未来半年到一年，有可能是区块链这个行业最萧条的时期，大部分项目将很难熬过这个冬天，大部分从业者将不得不离开，当初靠 ICO、私募等方式开展融资的项目方、投资方以及国家有关监管机构和部门，将不得不面对各种难以收拾的烂摊子。

这种结果，当然和整个大的市场环境有关，但根本上还是人们对区块链的本质认识不清、区块链这个行业前期运作不规范造成的。

区块链不是技术问题，而是社会管理方式和业务流程的重构。这也是全世界所有国家和大型机构高度重视区块链的根本原因所在。但市面上的大部分区块链项目方并没有将重点放在如何通过技术手段重构社会管理方式和业务流程上来，而是简单沿袭了比特币的运作方式，围绕“币”开展了一系列空中楼阁的开发。且在没有深入研究比特币现象的内在机理和前因后果的情况下，试图创造第二个比特币神话，但终将因找不到适合的应用场景，创造不出新的价值，而不得不面临退出市场的尴尬境地。

曾被寄予厚望的公有链，将在接下来的一段时间里大量“死亡”。

公有链因为其非准许特性，面向所有人开放，因此其业务链条极短，业务逻辑关系也非常简单，不存在可以被去掉的中心环节和中介环节。公有链既难以找到合适的应用场景，也不存在能够提高生产生活效率的空间，还需要消耗大量资源，以维持系统运转。通过发放 Token 融资、融资之后进行系统开发、通过各种活动凝聚共识、通过 Token 激励实现社群裂变，其实质还是互联网的玩法，但因为没有价值被创造出来，其本质还涉嫌庞氏骗局，这种模式终将难以持续。融来的资金“烧”完之时，就是项目完结之日。或者项目开发结束上线，但因为创造不出价值，项目也不得不退出市场。目前在二级市场进行 Token 炒作的行为，也终将因为没有相应的价值依托，必将被越来越清醒的韭菜们所抛弃。

由于目前大部分区块链项目找不到价值依托，因此与之相关的矿圈、币圈、盘圈的日子将会越来越难过。链圈虽侧重于技术开发和落地应用，但目前大部分链圈从业者所做的开发，更多还是自娱自乐，极少能够真正落地，因此，链圈的日子也会越来越艰难。

但同时，我们也要看到，确实有一些项目方在安静地开展各种应用的落地。这些应用，有场景、有需求、能够创造出新的价值。这类项目终将在这个冬天之后，迎来它们自己的春天。这类企业或项目开发者，一般情况下是传统的互联网大型企业，它们有技术、有场景、有应用，还有资金、有渠道等优势。它们在对区块链项目本质的理解深度上，从一开始就远超一般的草根区块链项目。

此外，个别在具体技术点上有突破、有创新的项目，也有可能熬过这个冬天。但关键要看这些项目方的融资能力。如果仅有技术，而没有后续资金支持，它们也将极难熬过这个冬天。但一旦过了这个冬天，这类项目在 2020 年以后，完全有可能成为某一个细分领域的独角兽。

冬天未必是坏事。所有行业都会有波动，当市场泡沫太大时，市场就会进行强制性纠错。通过市场出清，新的区块链应用模式和商业模式才能真正落地，区块链的下一个春天也才会更加明媚。

三

什么是区块链项目正确的盈利模式

经历了2017年全年和2018年上半年的高潮，区块链整个行业目前进入了低谷期。大部分曾经风靡一时的区块链项目中途死掉，少部分还在苦苦坚持，能够落地生根开花的区块链项目少之又少。比特币、以太坊这两个区块链最早开发的系统仍然是这个行业里最成功的项目。这个结果当然与区块链项目天生的乌托邦理想主义有关系，但更直接的，是大部分区块链项目并没有找到正确的盈利模式。

抽象来看，盈利模式是通过对自身以及相关利益者的资源进行整合而形成的一种实现价值创造、价值获取、利益分配的组织机制和商业架构。具体来讲，盈利模式是对经营要素进行价值识别和管理，在经营要素中找到盈利机会，探求企业利润来源、生产过程以及产出方式的系统方法。

（一）项目的不同阶段对应着哪些盈利模式

一般意义上盈利模式可分为自发的盈利模式和自觉的盈利模式两个类型。

在自发的盈利模式中，企业（项目方）对如何盈利、能否盈利缺乏清醒的认识，即使有盈利，但盈利模式不明确不清晰。这种盈利模式具有隐蔽性、模糊性等特点，是自然形成，而非主动设计的结果。

自觉的盈利模式是企业（项目方）通过总结经营实践，对经营行为进行自觉调整和主动设计，进而形成的具有清晰性、针对性、相对稳定性、环境适应性和灵活性等特征的盈利方式。

在市场竞争初期，企业（项目）大多处于成长期，尚不成熟，其盈利模式大多是自发的。随着市场竞争的加剧和企业（项目）的不断成熟，企业（项目方）会加大对市场竞争态势和自身盈利模式的研究投入力度。但即便如此，也并不是所有企业（项目）都能幸运地找到盈利模式。盈利模式需要深入分析企业（项目）经营要素，对这些经营要素进行价值识别和管理，并对现有的盈利方式进行改进，才有可能成功匹配。

（二）产业有哪几种价值模型

企业（项目）在一定时期内能够盈利，必然内含着一定的价值创造和价值获取。从一般意义上来讲，产业价值模型一般有以下三种。

1. 产品利润主导

企业（项目）关注个体的、集中的产品利润的实现，更多表现为以集中的技术、能力和产品获得当期利益、利润和资产以及所有者权益的增长。产品利益在自然状态和个体企业上表现充分。

2. 相关利益者价值主导

以产业链或平台为基础，围绕产业链或平台的产业或集成资源，设计产业或服务的相关利益，并形成协同服务创造利润与价值的机制，各类主体分别从中获取利润或利益价值。

3. 社会价值主导

产业集聚的中后期，会在产业的基础设施层面，产生产业主导型企业平台，这些企业平台会在行业规则、行业通用基础技术、行业公认公允评级等领域生成类似于垄断状态的一个层级，并以社会协同的方式占据大部分利润和价值。这类基础设施层面的平台价值以社会共同认定的方式存在，拥有宽泛的边界和巨大的规模，常常被少数群体以非市场竞争方式掌握主导权。

（三）不同类型区块链项目内含什么样的产业价值模型

区块链概念诞生仅仅 11 年时间，整个产业（行业）还处于初级阶段，其盈利模式尚不清晰，能够坚持下来的项目绝大部分处于自发盈利模式阶段。整个行业变化又极其迅速，清晰的盈利模式还没有显现出来。

同时，全世界经济陷入持续低迷时期，遍布全球性的资产荒困扰着所有投资者。区块链概念甫一诞生，立刻就牵动了所有人的神经，并且成为了各路人马竞相竞争的红海。区块链相关企业（项目）面对着激烈的竞争，生存和发展压力极大。

与此相对应的，是区块链项目天生具有的乌托邦思想和理想主义色彩。从其最开始的中本聪的白皮书，到后来的一系列公链项目，从其本意来讲，无一不是要通过广泛的社会协同成为社会价值主导型项目。

但任何项目要想生存和发展，首要的还是要找到自身的价值来源，即这个项目的利润到底来自于哪里。从近几年区块链项目的发展来看，绝大部分项目自身不具有造血功能，即使胸怀远大理想，但大概率会中途倒下，至于未来是否能迎来曙光还是未知之数。

1. 公有链的产业价值模型

公有链是区块链最原初的项目形态，也是最富有区块链去中心化精神的项目形态。从公有链应用系统来讲，按照其自身服务和影响范围，公有链既应该是产品利润型项目，也有可能是相关利益者价值型项目，还应该是社会价值型项目。但从公有链本身定位来讲，公有链最应该成为社会价值主导型项目。

必须看到，任何产品或服务，存在的前提是能够满足特定需求，公有链应用系统也不例外，产品和服务应该是其获得最基本利润的来源。在此基础之上，公有链通过对其自身以及相关利益者资源进行整合，为相关利益者和更多人群创造更多价值。最终，通过产品、服务、技术、标准、专利等，成长为社会价值主导型项目。

公有链底层技术类项目与公有链项目应用方是紧密绑定的，主要为公有链应用型项目提供技术支撑，因此，公有链底层技术型项目也应该具有产品利润，最后成长为社会价值主导型项目，但其相关利益者价值则相对较弱，除非是针对某些领域特殊需求。

但从公有链发展历程来看，大部分公有链项目一开始就设定了社会价值主导型项目的目标，包括公有链应用型项目。这类项目在运营一开始就重点聚焦在扩大影响和规模，但对相关的社群用户提供的产品和服务以及价值创造考虑较少，更没有考虑到其产品利润的最终价值来源和相关利益者的价值来源。因此，这一类项目很快就陷入到无源之水的境地而难以为继。这一点从当前众多公有链发展现状不难得到验证。

2. 联盟链的产业价值模型

联盟链是准许链，是面向多业务主体的区块链业务系统。联盟链天生就是跨越企业和组织边界的，因此，联盟链天生是相关利益者价值主导型项目。此外，联盟链一定是基于具体业务场景和特定业务需求的，因此，也必然具有产品利润，只是这种产品利润需要在相关利益者之间进行分配。这一点在 Facebook 准备发行的 Libra 系统白皮书中最为明确，Facebook 联合众多企业，针对现行货币支付体系存在的问题进行系统改造，其收益为所有参与方共有共享。

联盟链难以成为社会价值主导型项目，除非该联盟链应用系统中的一部分内容具有广泛的普适性，可以独立于该联盟链场景而独立存在，并进而在更多场景中得到使用和推广。

3. 私有链的产业价值模型

私有链是准许链，是面向单一业务主体的区块链业务应用系统。从私有链的性质来讲，私有链最应该成为产品利润主导型项目，但也有成为社会价值主导型项目的可能。

虽然一般认为私有链适合于单一企业或组织内部使用，但从私有链的定义来看，私有链完全可以跨越企业或组织边界，按照业务范畴而不是实际存在的企业或组织范畴而界定。这种业务范畴可以是实际存在的业务范畴，也可以是虚拟的业务范畴。

私有链的最大特点是业务主体单一性。业务主体单一，意味着该系统必然有其特定的业务场景，因此，私有链系统建立的前提必然有特定的应用需求，其存在方式也必然以产品或服务形态存在。这一产品或服务的使用方就成为私有链价值创造的直接来源。

私有链基本不会成为相关利益者价值主导型产品。因为私有链是准许链，且承载的业务单一，这意味着这个系统在很大程度上是他组织的，而非自组织的，是强中心的，而非多中心的。因此，私有链在业务形态上也会是他组织的。参与业务主体即使在使用这个系统时获取了相应的利益，但由于是被组织的，其利益占有也会有比较大的不确定性。因此，私有链很难通过内部的协商或博弈，形成多方利益共赢，演化成相关利益者价值主导模型。

如果该私有链系统面对的应用场景具有较高的普适性，并且系统建设运营都非常成功，那么该私有链系统有可能脱离原来的业务场景，而面向更多同类业务场景，进行横向的推广复制，在这个意义上该私有链系统是具有成为社会价值主导型产品的可能。但这种社会价值主导型，更多是该产品自身价值的外溢，而不是直接来自于该产品自身的价值。互联网背景下传统细分领域里的一些应用系统，比如财务管理系统、人事管理系统、图书管理系统，都具有这类特点。区块链背景下的细分领域产品，也会有这种特点。

（四）不同类型区块链项目正确的盈利模式是什么

除了从区块链项目面对的用户群体分类，还可以从不同的项目所在层次进行分析。

1. 区块链技术类项目

区块链技术类项目可以在某种程度上类比为目前的软件公司项目，它针对具体的场景或产品，提供基于技术的解决方案。主要表现为产品或服务，因此区块链技术类项目具有产品利润。如果这类项目和项目的使用方达成长期合作，强强联合，深挖细耕，分享利润，则会产生相关利益者利润。如果该产品和服务能够脱离目前的项目背景，形成普适性，在一些领域或特定领域主导市场，则会产生一定的社会价值。

由于区块链相关技术仍在快速演进过程中，相应的项目场景也仍需要进一步匹配，因此这类项目目前仍处于自发盈利模式阶段。至于能否进入到自觉盈利模式阶段，则要看项目执行方对未来技术发展的探索、产品服务适用范围的拓展和适配。因此，这类项目的正确盈利模式是夯实产品利润，在此之后逐步向相关利益者利润模式过渡，找到适合的长久合作伙伴，持续深耕。如果其在深耕过程中形成的技术、产品、服务、标准、专利等内容能够在更大范围内进行推广，则有可能进入到社会价值创造阶段。当项目执行方经过深度研究和探索，其产品能够占领一定市场份额以后，将进入到自觉盈利模式阶段。

2. 区块链应用类项目

区块链应用是产品利润主导类项目。但这类项目在开发前期，会有漫长的探索和试错，这一阶段是自发盈利模式阶段。一旦项目进入稳定的盈利时期，项目执行方就会对项目实践进行理论研究和总结，并将项目的成功实践总结为项目经验，进行推广和复制，稳步进入到自觉盈利模式阶段，并进而进行针对性的产品设计改进。

这类项目由于具有独特的背景，因此很难具有横向推广价值。项目背景越独特，越难以跳脱出相应的背景进而抽离出其内在的成功经验和做法，生成广泛的社会价值。

3. 区块链衍生类项目

目前钱包、交易所、矿机、矿场等项目，严格来讲并不能算是区块链项目，它们是区块链这一产业的衍生项目。由于这一类项目严重依赖区块链项目发行的虚拟加密资产，因此这一类项目会在相当长时间内处于自发盈利模式阶段。又因为虚拟加密资产的发行行为是否可持续，资产价格变化趋势如何，在相当长一段时间内无法确定。因此，这一类项目自身的盈利模式也难以确定。其盈利模式很大程度上取决于外部环境，既包括世界各国的监管政策、监管力度，也包括监管政策和不同的监管力度之下人们的预期和反应。

同区块链应用类项目一样，这一类项目也将长期是产品利润主导型项目，即使能够进入到相关利益者价值主导阶段，比如矿机生产厂商和矿池合作进行利润分享，但由于业务前景不明朗，也将仍旧是一种不稳定的合作关系，仍难以进入到自觉盈利模式阶段。

（五）区块链项目发展的可行道路是什么

对于一个行业或产业，11 年时间仅仅是一瞬间。区块链有其行业特殊性，既包罗万象，整合了过去的大部分理念和技术，同时在每一个细分领域又在不断突破既有的制度和规定。因此，从不同角度进行分类研究，进而研究梳理出不同类别项目对应的发展阶段和盈利模式，对于行业或产业的发展，是至关重要的事情。

大部分区块链项目，应该从最初的宏大理想，回归到产品利润主导和相关利益者价值主导，并在价值创造和盈利方面打下牢固的基础，这无论从目前来看还是从长期来看，都是理性的选择。在此基础之上，根据项目特点，适时适情将项目过渡到社会价值主导阶段，或许是一条可行的道路。

四

推动区块链项目落地的几个重要要素

（一）密钥托管是区块链项目落地的必要妥协

1. 完全的去中心化无论是对监管还是项目落地都不现实

区块链是一场革命性的变革，它通过去中心化的数据组织和数据存储方式改变了人们对交易、价值传递和人类社会组织的思考方式。区块链获得了极大的社会关注，但其落地应用进展却非常缓慢。除了技术不成熟，区块链目前仅能处理交易，无法有效处理人类生活其他内容之外，还与区块链项目天生自带的完全去中心化、不受监管有密切关系。

区块链项目，尤其是公有链项目采用完全去中心化方式组织，其背后蕴含着完全的无政府主义，既规避监管，也难于监管。各国政府由于各自的治理方式、发展阶段不同，对区块链的作用和经济社会价值意见也不一致，多国政府对区块链持观望态度。从区块链项目自身来说，由于其完全的去中心化，当项目自身出现问题时，由于无权威机构进行仲裁，也没有基于广泛民意基础上的协商机制，导致各种分叉，甚至项目夭折。

2. 密钥托管是区块链项目落地的必要妥协

区块链采取密钥托管是项目落地的必要妥协，既是区块链项目向监管的妥协，也是完全的去中心化方式向部分中心化方式 + 部分去中心化方式的实际情况的回归。

密钥托管是可以在紧急状况下获取解密信息的机制，它通过权威第三方保存用户的私钥备份，在必要时帮助国家司法或安全等部门获取原始明文信息，也可在用户丢失、损坏自己的密钥的情况下恢复明文。美国和一些国家规定，必须在加密系统中加入能够保证法律执行部门可方便获得明文的密钥恢复机制，否则将不允许该加密系统推广使用。

3. 区块链治理须回归现实

社会的治理需要结合现实才能行之有效，同社会治理类似，区块链治理的完全去中心化，不受监管，自治协商，只能是人类社会的一种美好愿望，在人类社会从来不存在常态化的完全的去中心化社会形态的情况下。区块链治理也须回归现实。

4. 多方制衡的密钥托管方案利于项目落地和有效实施

区块链采用密钥托管，是实现区块链良治的有效方法，也是区块链项目落地的必要妥协。区块链通过数据的全网一致性分发和冗余存储、时间戳、哈希函数，已经能够实现交易信息的全程可追溯、难以篡改。如果通过密钥的有效托管，实施必要的中心化，在发现问题后实施有效的仲裁和公之于众的纠错，则可以部分解决目前区块链项目难以在一些国家落地的现实问题。

当然，密钥托管也不是把所有人的个人密钥完全托管给国家和政府，同样需要采取高度的权力制衡。托管给哪个机构，由哪个机构仲裁是否需要使用托管密钥，又由哪个机构实施托管密钥的恢复和操作执行，都必须做到有效的制衡，并且每个环节也可以不是一个机构，而是多个机构共同完成，达到进一步牵制和制衡的目的。另一方面，密钥托管也不是把个人密钥完完整整地进行托管，而是必须应用零知识证明、安全多方计算一类的技术手段和工具，实施密钥托管方与密钥的有效分离。这样才可以做到区块链项目既有监控监管，又不可篡改、全程可追溯、分布式和治理上的部分去中心化。

（二）智能合约的成熟是区块链技术落地的重要指标

1. 当前智能合约并不智能

智能合约是区块链2.0的代表性产物，是区块链技术中最成功的应用之一，但目前的智能合约功能并不完善。除去被广泛讨论的智能合约的优化、性能和安全问题外，智能合约也并不“智能”。目前的“智能合约”前置条件极其有限，只有在有限的条件被触发后，合约内容才会被执行。但实际的交易过程会发生合约撤销、合约无效、合约前置条件改变等各种复杂情况，目前的“智能合约”无法应对这些情况的发生，也无法进行有效处理。

智能合约是区块链技术落地以及赋能实体经济的最重要工具，但必须对智能合约的功能进行大幅度扩充和完善，才能确保区块链项目落地生根。结合实体经济和人类生产生活，智能合约的功能将更为复杂和智能。智能合约的扩展内容如图2－1所示。

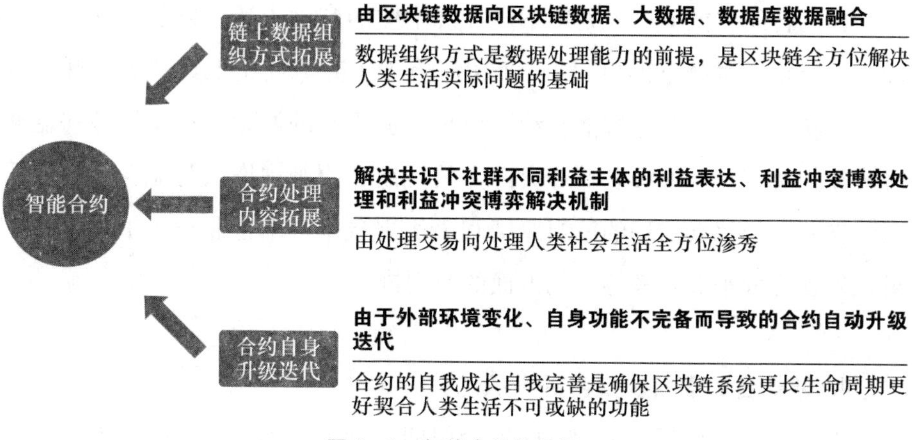

图2－1　智能合约的扩展

2. 智能合约要能够处理利益表达、利益冲突和博弈

智能合约是对传统个体经验管理行为的深化和细化，不是现在公链基于挖矿的简化智能合约，而是深入到具体的场景，对人类组织行为深度研究分析之后的智能合约，是对组织管理行为的深化和优化。因此，智能合约的设计，不仅要基于不同的业务逻辑和业务场景，还要基于不同利益主体的利益表述、利益冲突和博弈，以及这种博弈解决机制的智能化。

所以，基于同一共识之下的社群组成也并不是单一主体，而是内部存在着不同的利益主体，这些利益主体之间也存在着广泛的利益冲突和利益博弈，既有静态视角下主体间的利益冲突，也有动态视角下进入时间不同导致的利益前后冲突。此外，智能合约还需要解决由于时间要素、外部环境变化而导致的智能合约的升级和升级机制问题。

3. 智能合约要内嵌能够处理利益冲突博弈的机制和解决原则

区块链项目落地除了能真实、准确的记录交易，还要能够处理人类生产和生活问题，这就涉及数据的组织和结构问题。区块链和智能合约的落地应用，需要对链上数据的组织方式进行拓展，数据需要由单纯的区块链数据向区块链数据、大数据、数据库数据融合，由记录交易向处理生产生活方面的问题拓展。

智能合约要能够有效处理不同社群主体的利益表达。目前的社群利益表达主要是通过链下的电报群、微信群、QQ 群等社交工具解决，既不智能，也缺少协调机制。智能合约应该是根据既有的原则，自动处理利益冲突博弈，要有一套处理利益冲突博弈的机制和原则内嵌入智能合约，因此需要参照人类社会治理的适当原则和最优秀成果，结合业务场景和业务逻辑，处理好公平、效率等不同方面的原则排序。

4. 智能合约要解决自身的升级迭代

由于任何事物都有其固有的生命周期，世界上不存在一问世就永远适用的原则和系统，区块链系统和智能合约也不例外。区块链以及智能合约要能够处理由于外部环境变化以及自身本身设计不足而导致的功能不完善不完备问题，需要自身的成长、升级迭代，这也是智能合约要解决的问题。

对于如何发现智能合约的不足，则可以充分参照自然环境下的生物进化，采用拟态、系统仿真、人工智能等工具。区块链技术的未来发展和落地，也一定是与互联网、物联网、大数据、AI、云计算等多种先进技术的有机融合，共同解决和处理人类社会生活所面临的问题。

（三）安全可信是区块链项目落地的安全保障

1. 区块链系统面临的安全问题

伴随着区块链技术的不断发展，区块链领域本身的安全问题逐渐凸显，与区块链相关的诈骗、传销等社会化安全问题日益突出。

随着区块链的经济价值不断升高，不法分子开始利用各种攻击手段获取更多敏感数据，区块链数字加密资产被“盗窃”、被“勒索”、被“挖矿”等活动日益猖獗，区块链安全形势变得更加复杂。网络安全公司 Carbon Black 的调查数据显示，2018 年上半年，有价值约 11 亿美元的数字加密货币被盗，且在全球范围内因区块链安全事件损失金额还在不断攀升。

此外，区块链系统及系统之上的应用都是用程序语言来编写的，难免会有 Bug 存在。有些 Bug 可能是逻辑上的错误，更多的 Bug 没有考虑到某些特殊情况的处理。例如设计一套智能合约逻辑，在开始运行之后才发现有漏洞。这时，就可能有黑客会利用这个漏洞来盗取利益。

有研究者认为，基于加密数字货币引发的安全问题来源于区块链自身机制安全、生态安全和使用者安全三个方面。上述三方面原因造成的经济损失分别是 12.5 亿美元、14.2 亿美元和 0.56 亿美元。总的趋势是随着数字虚拟货币参与者的增加，各种原因导致的安全事件也显著增加，如图 2－2 所示。

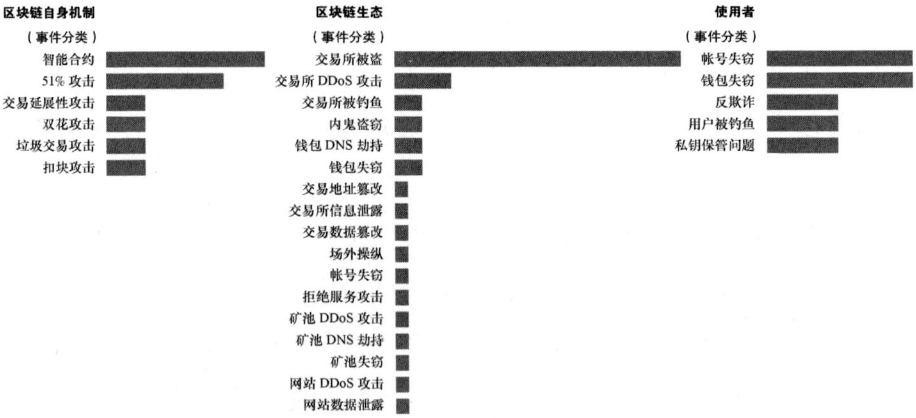

图2－2　区块链数字加密货币三大安全问题

（1）区块链自身机制安全问题

- 智能合约的问题。
- 理论上存在的51%攻击已成现实。

（2）区块链生态安全问题

- 交易所被盗。
- 交易所、矿池、网站被DDoS。
- 钱包、矿池面临DNS劫持风险（劫持数字虚拟币交易钱包地址的病毒已层出不穷）。
- 交易所被钓鱼、内鬼、钱包被盗、各种信息泄露、账号被盗等。

（3）使用者安全问题

- 个人管理的账号和钱包被盗。
- 被欺诈、被钓鱼、私钥管理不善、遭遇病毒木马等。

2. 可信计算解决区块链的安全问题

（1）安全风险的实质

由于人们认知的局限性，设计时不可能穷尽所有组合，只能局限于当前任务去设计IT系统，因此必定存在逻辑不严密的缺陷。IT系统在体系结构设计上，也缺失防攻击逻辑，从而难以应对利用缺陷进行的攻击。

当前网络空间极其脆弱，体现在 3 个问题：

①计算科学问题：缺少攻防理念。

②体系结构问题：缺少防护部件。

③计算模式问题：缺少安全服务。

因此，为了安全必须从逻辑正确验证、计算体系结构和计算模式等方面进行科学技术创新，以解决逻辑缺陷不被攻击者所利用的问题，形成攻防矛盾的统一体。

确保为完成计算任务的逻辑组合不被篡改和破坏，实现正确计算，这就是主动免疫防御降低风险的目标，过去的封堵查杀被动防御已过时。

区块链本身的安全性，是用密码来保证交易过程不能被篡改，确保分布式数据库账本公开透明。但区块链仍然是建立在计算机系统之上，是在多方计算环境之下，而且随着区块链系统越来越频繁地与外部进行数据交互，并在内部进行数据处理，必然面临许多的安全问题，区块链的系统安全仍然无法保障。为保证数据和处理过程安全可信，需采用经过理论和实践检验过的主动免疫可信计算技术以有效保护区块链。

中国工程院院士、国家信息化专家咨询委员会委员沈昌祥提出，要高度重视区块链安全，从等级保护来做好区块链安全，只有可信计算才能解决区块链的安全。具体可以从以下 3 方面考虑：

一是计算资源可信，保证区块链计算过程不被恶意干扰，主动免疫防止恶意攻击。

二是交易数据可控，保证比特币等区块链数据能够安全可信存储和传输。

三是交易过程可靠，保证交易过程真实可信、不可伪造、可信公管。

网络安全不是因为系统有漏洞，而是因为计算所涉及的 IT 硬件、软件由众多逻辑组成，逻辑的不可穷尽性，会存在大量跟工作无关的缺陷和威胁没考虑。攻击者正是利用这些缺陷发现了漏洞。

（2）可信计算发展历程

可信计算由可信计算工作组 TCG 提出，目的是为了能够知道计算环境的工作状态是否与预期一致。可以从以下四个方面来理解。

①用户的身份认证，体现了对用户的信任，即对用户是不是足够的信赖。

②平台软硬件配置的正确性，体现了使用者对平台运行环境的信任，比如平台上是不是运行了预期的操作系统。

③应用程序的完整性和合法性，体现了应用程序运行的可信，比如对运行在系统上的应用程序是不是足够信赖。

④平台之间的可验证性，体现了网络环境下平台之间的相互信任。在网络环境下，平台之间需要进行通信，这就涉及了平台之间的相互信任。

TCG 制定的规范中定义了可信计算的三个属性：

①鉴别。计算机系统的用户可以确定与他们进行通信的对象身份，比如该计算机系统能否鉴别一个用户的身份是不是所期望的身份。

②完整性。用户确保信息能被正确传输。

③私密性。用户相信系统能保证信息的私密性，不会被泄漏。

主动免疫体系结构开创了以系统免疫为特性的可信计算 3.0 时代。可信计算的发展路径可以分为三个阶段，如表 2－1 所示。可信计算 1.0 以世界容错组织为代表，主要特征是主机可靠性，通过容错算法、故障诊查实现计算机部件的冗余备份和故障切换。可信计算 2.0 以 TCG 为代表，主要特征是 PC 节点安全性，通过主程序调用外部挂接的 TPM 芯片实现被动度量。中国的可信计算 3.0 的主要特征是系统免疫性，其保护对象为系统节点为中心的网络动态链，构成“宿主＋可信”双节点可信免疫架构，宿主机运算同时可信机进行安全监控，实现对网络信息系统的主动免疫防护。

表 2-1　　可信计算发展路径

	可信计算 1.0（主机）	可信计算 2.0（PC）	可信计算 3.0（网络）
特性	主机可靠性	节点安全性	系统免疫性
对象	计算机部件	PC 单机为主	节点虚拟动态链
结构	冗余备份	功能模块	宿主 + 可信双节点
机理	故障诊断	被动度量	主动免疫
形态	容错算法	TPM + TSS	可信免疫架构
代表	世界容错组织	TCG	中国

（3）主动免疫的计算架构

主动免疫可信计算是指计算运算的同时进行安全防护，计算全程可测可控，不被干扰，只有这样方能使计算结果总是与预期一样。这种主动免疫的计算模式改变了传统的只讲求计算效率，而不讲安全防护的片面计算模式。

在图 2-3 所示的双体系结构中，采用了一种安全可信策略管控下的运算和防护并存的主动免疫的新计算体系结构，以密码为基因实施身份识别、状态度量、保密存储等功能，及时识别“自己”和“非己”成分，从而破坏与排斥进入机体的有害物质，相当于为网络信息系统培育了免疫能力。

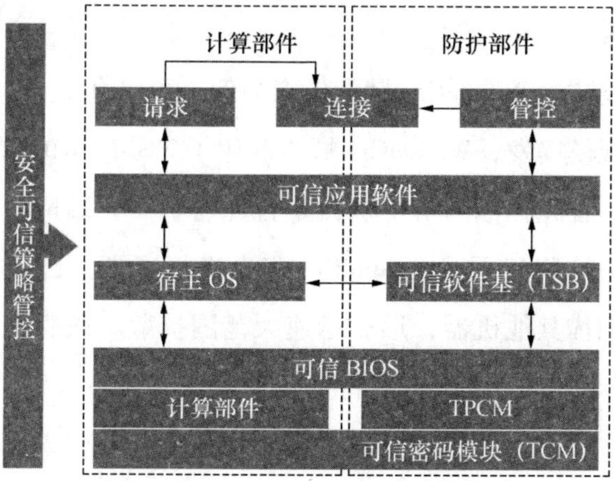

图 2-3　安全可信的双体系结构

资料来源：沈昌祥院士演讲 PPT。

（4）安全可信体系框架

采用安全可信系统架构可以确保体系结构可信、资源配置可信、操作行为可信、数据存储可信和策略管理可信，从而达到积极主动防御的目的。安全可信系统架构效果图如图2－4所示。

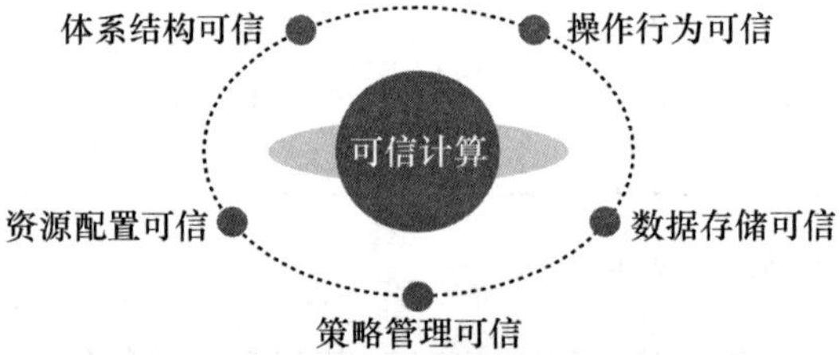

图2－4 安全可信系统架构效果图

资料来源：沈昌祥院士演讲PPT。

在主动免疫可信计算架构下，信息系统安全防护体系可划分为安全计算环境、安全边界、安全通信网络三层，从技术和管理两个方面进行安全设计，建立如图2－5所示的安全可信管理中心支持下的主动免疫三重防护框架，可以达到攻击者进不去、非授权者重要信息拿不到、窃取保密信息看不懂、系统和信息篡改不了、系统工作瘫不了和攻击行为赖不掉的防护效果。“WannaCry”“Mirai”“黑暗力量”“震网”“火焰”“心脏滴血”等将不查杀而自灭。

以主动免疫防治WannaCry勒索病毒为例。2017年5月12日WannaCry在全球范围大规模爆发，WannaCry蠕虫利用了MS17－010漏洞进行传播。

攻击流程是首先扫描网络中机器是否开启了445端口，利用此漏洞接管目标机器核心控制权下载WannaCry病毒进行感染，目标机器将变成攻击机再次主动扫描其他机器，形成迅速大范围扩散。该病毒会释放敲诈者程序taksche. exe，对磁盘文件进行加密勒索。

采用自主创新主动免疫的可信计算（即可信计算3.0）技术的系统（如中央电视台可信制播环境）在内部建立主动免疫机制，提供执行程序实时可信度量。保障正常的可执行程序持续工作，同时阻止非授权和不符

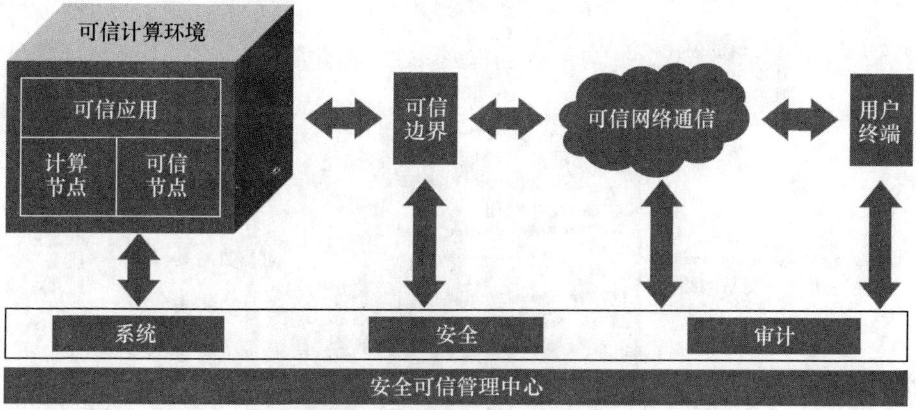

图 2-5　安全可信管理中心支持下的主动免疫三重防护框架

资料来源：沈昌祥院士演讲 PPT。

合预期结果的勒索病毒程序运行，从而实时阻止未知的恶意代码的发作。即使用户系统在建立主动免疫机制前已感染病毒，可信计算 3.0 技术也可以限制病毒软件的越权访问，避免病毒破坏重要资源，真正地实现了积极主动防御未知的攻击。

（5）安全可信区块链体系组成

安全可信区块链组成如图 2-6 所示。系统管理平台安全开发组为可信的硬件、软件和安全策略提供度量基准值。安全服务商为区块链计算环境提供可信保障策略。大量的区块链计算节点向区块链审计平台提供可信报告，可根据可信报告确定区块链的异常情况，及时处理。只有基于可信计算技术构建出的安全可信的保障体系才能保证区块链健康的发展。

（四）合法合规是区块链项目落地的制度保证

ICO、STO、股权融资、IPO，都是一种融资手段。由于所处国情不同，项目的出发点不同，往往会产生南橘北枳的效果。并且区块链由于其一开始就与币（Token，通证）相关联，往往难以脱离金融货币化。

回顾互联网金融的发展，互联网金融一方面降低了金融货币领域的交

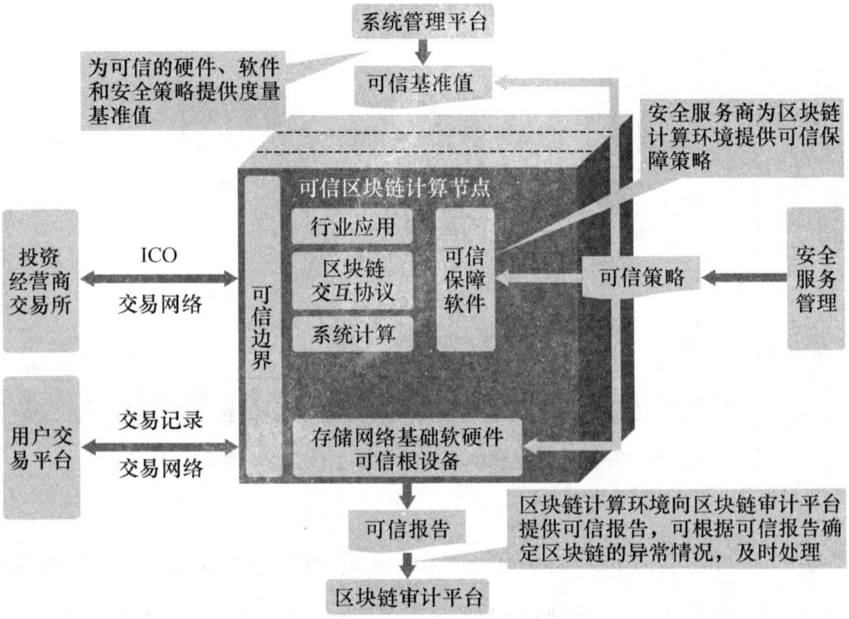

图2-6　安全可信区块链组成

资料来源：沈昌祥院士演讲PPT。

易成本，另一方面由于监管的不到位，使得各种非法融资事件频频发生。在区块链领域，由于有前面的互联网金融作为背景，我们国家在监管方面相对谨慎。应该说，这对于区块链的良性发展，是必要的和有益的，同时也是对从事正规区块链业务人员的保护。

在区块链项目设计一开始，就一定要对项目自身所处的法律法规、金融监管等方面内容进行多重合法合规审查。这既是保证未来项目落地的重要制度保证，也是唯一长久有效路径。

五

产业创新是区块链重要的突破方向

2019年10月24日下午，习近平总书记在中央政治局第十八次集体学习时强调的一番话，给区块链从业人吃下了一剂定心丸。习总书记强调，把区块链作为核心技术自主创新的重要突破口，加快推动区块链技术和产业创新发展。习总书记指出，区块链技术的集成应用在新的技术革新和产业变革中起着重要作用，要把区块链作为核心技术自主创新的重要突破口，明确主攻方向，加大投入力度，着力攻克一批关键核心技术，加快推动区块链技术和产业创新发展。

从本质上来说，区块链是通过信息的全网一致性分发，实现信息存储的去中心化和信息传递的去中介化，并通过经济和社会治理手段实现信息在难以被篡改的基础上的高质高效共享，进而实现组织管理架构和业务流程的优化，以提高生产生活效率。区块链发展十余年时间，始终纠缠在币和链的发展方向上，而习总书记的讲话则指明了区块链发展的方向。

那么，如何实现区块链技术与产业创新的融合发展？

（一）区块链技术应用必须与产业相结合

自区块链概念诞生以来，业内人士和大部分专家一致认为，区块链是下一场技术革命，除了区块链自身实现的信任增强、价值传递等属性外，对区块链改造现有系统和业务组织流程倾注了大量期待。但区块链诞生后的11年时间，区块链技术只是朝着两个方向发展：一是单纯沿着比特币和以太坊规定的方向，在公链的底层技术层面加力；二是与通证经济、社群组织等内容相结合进行生态的构建。很多人都忽略了区块链技术与具体产业的结合，没有用区块链技术进行产业系统和业务流程的组织再造。

事实上，区块链底层技术确实有极迫切需要突破的地方，比如效率问题和安全问题。效率问题源自最早采用的经济模型和技术架构，可能需要对原初的底层架构进行变革和重构，或是出现技术突破才有可能解决。安全问题是任何信息系统与生俱来的问题，但区块链的安全问题，不是区块链链上数据的自身安全，而是随着承载内容的扩张，比如智能合约的引进而在代码层面未能实行严格的形式化验证而产生的。

区块链技术与通证经济、社群组织等内容相结合进行生态构建，确实可以扩大商品和服务的流通范围和周转效率，但区块链技术在生态中除了发行通证、记录交易外，目前并没有发挥更大的作用。这与其说是新生态的构建，倒不如说是互联网经济和互联网金融的进一步深化。

（二）产业互联网成为区块链发展的新空间

产业互联网是从消费互联网引申出的概念，是指传统产业借力大数据、云计算、智能终端以及网络优势，提升内部效率和对外服务能力，是传统产业通过“互联网+”实现转型升级的重要路径之一。产业互联网依托大数据实现传统产业与互联网的深度融合，助推经济脱虚向实，实现转型升级。产业互联网的兴起，意味着制造、农业、能源、物流、交通、教育等诸多传统领域相继都将被互联网所改变和重构，并通过互联网提高跨行业协同的效率，实现跨越式发展。

物联网和智能终端是产业互联网不可或缺的重要组件。随着物联网和智能终端的普遍应用，海量的数据将被生产出来，传统的中心化处理方式也将面临着带宽、处理速度、传输安全等一系列复杂的技术挑战，多目标协同优化问题。因此，提早布局，实施数据的安全性传输、分布式存储、本地化处理，是产业互联网发展的必由之路。

区块链通过多种底层技术工具，能够有效实现数据的分布式一致性存储、安全性传输，未来还有可能通过 IPFS 实现存储数据的全程透明可溯源，通过分片、状态通道等技术实现数据的分布式处理。因此，区块链技术将通过对产业互联网的改造，获得更大的应用价值。当然，产业互联网也极有可能通过引入区块链技术而获得更大更持久的生命力。

（三）产业互联网的应用需要区块链技术的改造

将区块链技术应用到产业互联网，需要对底层技术架构进行改造。比如，在产业互联网中，是否需要数据的全网一致性分发，哪怕不是像比特币一样的物理节点全网一致性分发，只是在逻辑上的全网一致性分发？是否需要通证，以及社群的存在？再者，目前的区块链系统只能记录交易，而不具有数据处理功能，是否需要通过技术架构的重构实现区块链 + 大数据的有效融合？既存储交易类轻量级数据，也存储结构化和非结构化的重量级数据，同时既保证交易数据的一致性，还要能够实施基于大数据的数据深度分析和数据挖掘？在目前区块链性能问题没有得到根本性解决的前提下，哪些数据在链上存储，哪些数据在链下存储，链上数据与链下数据如何交易，都需要在架构和体系上进行重大的调整和变革。

（四）产业互联网是多种技术的有机融合

产业互联网，一定是多种技术的有机融合体，其中既会有传统的结构化的关系型数据库系统和非结构化的大数据系统，也会有大量的物联网智能终端数据采集系统和数据控制设备，还会有数据存储和数据挖掘系统以及有区块链的交易数据安全传输和业务需求算法实现一定范围内，一致性数据存储和一致性数据本地化处理。

总之，区块链既给产业互联网引进了新的工具和思维，同时通过对区块链底层技术架构的改造和重构，也给区块链技术落地带来了巨大的机遇。正如区块链技术本身并不仅仅是一种新技术，而是多种技术的有机组合进而带来新的价值一样，我们也不认为区块链与产业互联网的结合是区块链技术向传统的回归，而是区块链技术按照业务发展需要进行的自身体系构架的深化和发展。这些技术既有目前广泛使用的区块链底层技术，也将与大数据、人工智能、云计算、物联网等多种技术的深度结合，同时又广泛汲取 Adhoc、C4ISR 等多种信息系统建设的经验和教训，既保证信息和数据的完备、处理的及时，同时又防止信息和数据在存储和处理上的不必要过载，实现技术的深度有机融合和产业的高效发展。

（五）区块链自身的产业化是必然的发展方向

构建更加高效的产业互联网，服务实体经济发展，自身的产业化也将是区块链必然的发展方向。随着区块链多种底层技术的突破和区块链自身架构的优化以及其他相关技术，包括云计算、边缘计算、大数据、人工智能、物联网等技术的逐步成熟，以区块链为核心的产业化趋势也逐步显现。从上游的人才培养和学科建设，到下层的技术突破和产业应用落地；从与其他产业的结合并带动相关产业实体经济的结构优化和增长，到自身完整的产业链条的形成，并占据新的经济至高点，形成经济新的发展引擎。区块链自身的产业化发展越迅速完善，其优化和重构整个经济体系的程度就越高，区块链对经济发展的引领作用就会越明显。

在中央政治局第十八次集体学习时，习近平总书记还指出，要推动区块链和实体经济深度融合；要利用区块链技术探索数字经济模式创新；要探索“区块链 +”在民生领域的运用；要推动区块链底层技术服务和新型智慧城市建设相结合；要利用区块链技术促进城市间在信息、资金、人才、征信等方面更大规模的互联互通；要探索利用区块链数据共享模式，实现政务数据跨部门、跨区域共同维护和利用，促进业务协同办理。总书记要求的落实，不仅仅取决于区块链技术的单兵突破，更要求区块链整个产业快速完善并协调发展，才能推动产业的更大创新！

BLOCK CHAIN
FOR CONSORTIUM

DR. GAO'S OBSERVATION
OF BLOCK-CHAIN

第三部分

区块链行业发展追踪

区块链的产生有其特定的历史背景，其发展既与外部环境的变化有直接关系，其自身也具有极其明显的特色。透过纷繁的外部表象，探究区块链发展背后的逻辑路径。

一

《区块链信息服务管理规定》新规解读

2019年1月10日，国家互联网信息办公室发布《区块链信息服务管理规定》（以下简称《规定》），自2019年2月15日起施行。

《规定》的发布，一方面填补了监管空白，另一方面提振了行业的信心。但《规定》虽好，也存在需要在今后的实践中进一步完善之处。

1. 规定有必要

区块链不仅是几种已有技术的组合，更是夹杂着技术创新、金融衍生、业务管理流程重构和社会治理多元化等多层次内容。由于其新型的经济和社会组织方式，在未来可能给人类生产生活带来的改变，区块链被誉为第五次技术革命。

然而，各个国家的经济发展水平、社会治理能力以及对区块链的不同认知，导致不同国家对区块链技术及其应用在管理上的指导思想、管理方法和适用工具手段也有不同。

不可否认，在区块链技术及其应用快速发展的大背景下，确实有一些人打着区块链的旗号，或利用区块链技术，制造了一系列令管理者头痛，或有违区块链发展初衷的不良事件。

特别是区块链近一两年来发展迅猛，形形色色的人纷纷涌入，鱼龙混杂，的确有必要对这个领域进行必要的规范和治理，确保区块链技术和应用能够向更加良性的方向发展。

在此背景下，中央网信办在征求意见稿的基础上，于 2019 年 1 月 10 日正式发布了《区块链信息服务管理规定》。

但目前还没有匹配到合适的治理方法和治理工具，《规定》还存在需要进一步完善的地方。

2. 管理理念有待更新

区块链是分布式数据存储、点对点传输、共识机制、加密算法等计算机技术的新型应用模式。具有去（多/弱）中心、去第三方信任、集体维护、可溯源等特征。因此，区块链领域的管理，应该是基于信息全网分布式存储、去（多/弱）中心等特征基础上的管理。遗憾的是，目前的《规定》在理念上仍然沿用了互联网形态下的中心化管理理念。

《规定》第三条："省、自治区、直辖市互联网信息办公室依据职责负责本行政区域内区块链信息服务的监督管理执法工作。"

这一属地管理本质，与区块链系统信息的分布式存储属性存在内部矛盾。区块链系统需要将相关信息在全网范围内进行一致性冗余发布，因此，一个信息写入地点可能是在全网任何一个地点，其信息存储则会分布在全网任何地点。根据《规定》，任一属地管理部门仅有权力处理本属地范围内的信息存储和分发，而无权处理属地以外的信息存储和分发，因此属地化管理并不能完整地解决相关的信息管理问题。

《规定》第六条，区块链信息服务提供者"对于法律、行政法规禁止的信息内容，应当具备对其发布、记录、存储、传播的即时和应急处置能力"。

基于区块链是去中心化的系统，其任何一个节点都不具有超级节点的特权。如果要求信息服务提供者对系统上的信息进行监督审核，无疑是一种中心化的方式，有悖于区块链自身的技术特征和属性。如强行执行，必然要对区块链的原有底层技术架构进行重构。在本来去（多/弱）中心化的系统中人为设置一个超级节点，对所有的信息写入、信息确认、区块生成以及后面可能的信息传播进行干预，甚至要删除某些已经写入区块中的不良信息，这无疑会使区块链所体现的公正性大打折扣，进而会改变区块链系统的建设初衷。

3. 责权利关系尚须进一步厘定

《规定》第五条到第十一条、第十五条到第二十二条都是对区块链信息服务提供者的责任和义务的界定。但《规定》全文未见到区块链信息服务提供者的权利界定。

《规定》第二条将“区块链信息服务提供者”界定为“向社会公众提供区块链信息服务的主体或者节点，以及为区块链信息服务的主体提供技术支持的机构或者组织”。将“区块链信息服务使用者”界定为“使用区块链信息服务的组织或者个人”。

如果区块链信息服务系统出现了信息方面的问题，更大的责任主体是信息服务使用者，而不是信息服务提供者，因为信息服务提供者本身并不生产任何信息。

然而，区块链领域的信息服务提供者，主体或者节点以及提供技术支持的机构或者组织，在某种程度上与互联网情况下的平台类似，但其功能和作用要远弱于互联网情况下的平台。平台的所有者和管理者仅仅提供了平台，但并不是平台上信息的所有者。在传统情况下的平台有义务对平台上的信息进行审核，但也仅是部分义务，并不应该提供了平台就要对平台上的全部信息负责。比如，淘宝有义务对其商城上的假货进行鉴定，但不应该要求淘宝对其平台上的假货承担全部责任。同样的道理，在区块链背景下的信息服务提供者，也仅是区块链系统中的部分能力和功能提供者，对于区块链系统上的信息，要求信息服务提供者对其进行处置，对于信息服务提供者来讲具有相当的难度，在法理上也缺少必要的正当性。

任何规定都需要正确匹配各责任方的责权利。目前的《规定》对信息服务提供者规定了过多的责任和义务，对信息服务使用者的责任义务基本没有提及，而将应由《规定》规范的信息服务使用者的责任义务全部归由信息服务提供者负责，并且还没有给出明确的可操作性的条款。

信息服务提供者和信息服务使用者两者本质上都是单独的法律主体，信息服务提供者有权利和义务，对在其系统上的信息服务使用者提出要求，但作为《规定》，也应该在更高的层面上抽象出相关的责任、权利和义务，甚至是具体的规定条款。

4. 深远影响不可忽视

《规定》第二条："本规定所称区块链信息服务，是指基于区块链技术或者系统，通过互联网站、应用程序等形式，向社会公众提供信息服务。"

事实上，区块本质上记录的就是交易信息，区块链系统本身建设的目的是通过冗余分布，让交易信息能够被所有人见证，因此区块链系统本质上就是一种特殊形式的信息服务。因此，除了单纯从事区块链技术研发的科研人员之外，凡是与区块链系统建设和应用相关的个人、组织、机构以及节点提供者，都要受本《规定》制约。因此，《规定》的影响涉及范围绝非是从事区块链领域的媒体从业人员。

《规定》出台以后，预计公链的开发和建设及其应用会受到极大影响。公链是非准许链，面向所有人开放，目前已经在建的公链以完全的去中心化、广泛的分布式为其技术特性，很多公链的节点范围已经遍布在世界多个国家和地区。在地理位置上如何调整已有公链的分布范围，使其匹配到现有规定的区域内？在技术上，如何使信息服务提供者由原来的普通节点，转变为要对其系统上信息实施监督监管并有处置能力的超级节点，也是国内区块链公链开发者不得不正视的重大的技术调整问题和区块链的架构重构问题。联盟链和私有链由于其面向具体业务场景，是许可链，范围相对可控，逻辑相对简单清晰，仍会有相当程度的发展。

在社会治理和国家管理层面，公开透明和公正公平是大势所趋，这也就意味着作为管理者，需要对一些不良信息有更多的包容。对不良信息的处置，是像互联网情况下的直接删除，还是结合区块链的技术特征，在被认定为不良信息后，也一并将认定结果在全网范围内进行分布式冗余分发，达到以正视听的效果，这可能是管理者以及广大区块链从业者都需要思考的问题。

当前，区块链技术及其应用，在全球范围内仍处于新兴阶段，不同国家之间、不同公司之间的竞争尚未完全展开。在此阶段，适当的包容、鼓励、观察以及规范，都是区块链系统向良性发展不可或缺的。

《规定》的出台，对于管理者和区块链从业者，都是一个新的起点。在这个起点上，如何进一步完善相关法律法规和技术规范，促使区块链向良性方向发展，是我们每一个人不可推卸的职责。

三

区块链监管和治理 Q&A

1. 在安全困境层面，区块链与其他“数字技术”相比，有何异同？该如何应对？

其他“数字技术”面临的安全，首先是技术层面的安全，这一层面的安全大部分可以单独通过技术方法得到解决。其次才是技术衍生出来的社会安全，这些安全基本上是原来不存在的，比如由于大数据的发展而导致的个人隐私问题，但这是另外一个层面的安全，需要结合法律法规方面的规范去解决。

而区块链的安全，一方面是技术层面的安全，但另一方面是业务层面的安全。区块链本身就是反管治去中心化监管的，利用区块链系统可以实现非法信息的传播、洗钱等活动。区块链技术层面的安全，需要通过技术手段获得解决。区块链业务层面的安全，既需要从业务本身层面进行规范，更需要获得技术手段上的支持。

2. 目前世界各国普遍存在的监管或治理难点有哪些？中国面临的问题有无自身特殊性？其他国家已有的探索对中国有何借鉴价值？

区块链系统天生就带有反管治、去中心化特性，同时又与货币金融结合紧密，其应用也在推进过程中，至于如何进行监管，各国都在探索之中。

中国面对区块链系统的特殊性在于，我们还是一个发展中国家，还处在社会主义初级阶段，我们在社会稳定和社会治理方面面临着更加严峻的形势，历史发展给我们的试错空间更加狭窄，因此我们面临的监管和治理任务较西方发达国家更为严峻。

西方发达国家对区块链项目的监管，有很多值得我们借鉴的地方。比如，他们对尚不清晰的问题更多采用质询方式进行求证，欧盟和美国就对Facebook 准备发行的 Libra 多次质询，而不是一刀切地禁止。对 Token 代币发行，也是根据不同情况有堵有疏，比如美国禁止 ICO，但允许 STO，能够纳入现有法律框架的及早进行规范。这种对新事物的包容值得我们借鉴，其内在的合理因素也值得我们汲取。

3. 金融、政务、溯源、票据等区块链各应用领域面临的安全困境有无不同?

从技术层面来讲，金融、政务、溯源、票据等区块链应用面临的安全困境是一致的，都存在数据安全和隐私保护问题，也存在智能合约是否存在安全漏洞的问题。

从业务层面来讲，尽管金融、政务、溯源、票据所在的行业特点规律不同，面对的客户不同，但他们所面对的安全困境有一部分是相同的。区块链系统的本质是通过数据的全网一致性分发和冗余存储，实现业务流程的去中心化和去中介化。这必然对原有系统的管理方式带来冲击和挑战，甚至会颠覆原有的管理模式和管理方式。

在具体表现上，每个应用领域都有各自领域的业务流程和管理架构。比如区块链在金融领域的应用，是将一部分原来中心化的金融应用迁移到区块链环境下，这种迁移所面临的最主要的安全困境，就是如何在区块链去中心化环境下实现金融监管和金融货币政策落地问题。其他领域也存在类似的问题，当然，由于所在领域不同，其他领域也许还会存在一些独有的安全困境，需要具体问题具体分析。

4. 针对区块链“天然性”不足，比如“侵犯隐私”的可能、难以被篡改以至于“矫枉过正”等问题，国家和企业或其他行为主体，在监管层面如何面对？

区块链在本质上是通过数据的全网一致性传输和冗余存储，赋予了所有节点相同的数据，在此基础上，必然会实现业务流程的优化和节点间的自组织，因此，会对原有系统带来一系列的冲击和挑战。

区块链监管，首先，需要在监管理念和监管理论上创新，不能再固守原来的方式，因为区块链是一种新的组织形态，监管者需要为业务创新保留创新空间。

其次，需要深入研究区块链在不同领域带来哪些监管上的挑战，哪些挑战是对未来社会发展有益的，哪些是不利的。对有益的挑战，应放手允许其发展，对不利的要素，应综合采取各种手段和措施，把不利因素控制在最小范围。

最后，应在法律法规和政策、技术工具和技术手段上采取综合措施，进行全面监管。该在法律法规和政策层面进行规范的，就在法律法规和政策层面规范。但任何规范，也需要技术工具和技术手段来做支持。因此，要重视相应的技术开发，以确保监管的有效性和高效性。

5. 区块链在与5G、人工智能、虚拟现实等新技术融合应用之路上，面临的安全困境有哪些？如何破解？

区块链的本质在于将数据进行全网范围内的一致性分发和冗余存储。区块链与5G、人工智能、虚拟现实等新技术融合，并不会减轻这些技术本来就存在的安全困境，只会通过技术融合带来更加严重的安全困境。

5G会带来更快的传输速度，更好的用户体验，但5G具体有哪些应用，还在探索中。但5G系统存在的安全困境，会通过区块链系统的全网一致性数据分发和冗余存储，进一步被放大。

随着人工智能技术的发展，人工智能到底会给人类社会带来哪些安全困境，还不可预知。包括人工智能是否会超越人类智能，包括人类智能在远超过人类的运算速度、存储容量和运算深度上会对人类社会产生哪些安全困境，同样难以预测。这种安全困境，也同样会在区块链系统上被进一步放大。

虚拟现实技术已经给数据真实性带来更大挑战。通过虚拟现实技术，已经可以实现一部分数据以假乱真。未来虚拟现实与区块链融合，有可能实现链上数据在上链之前就是伪造的，但却不能被及时发现，从而作为真实记录被记在链上。这一问题，只能通过更加严格的审核尽力发现和避免。或者通过更加智能的数据检测工具，替代人对上链数据的审核和认证。

6. 区块链可能不太适用的领域有哪些？适用领域和不适应的领域或状况，如何协作以“各尽所能”，抵御风险？

在技术层面，高并发应用，大数据系统及大数据应用不适宜直接使用区块链系统。如果在具体应用上，既要利用区块链的优势，又要回避它的劣势，就需要在系统结构上进行调整，比如，将高并发应用通过分片等手段进行分布式处理，大数据系统及大数据应用可以放到链下，只是将运算结果放在链上，可以起到同样的效果。

在业务层面，中心化程度高的业务，保密程度高的应用不适用于区块链。中心化程度高的系统，如果需要用到数据不可篡改不可伪造、数据可追溯等特征，可以针对具体应用，建立私有链系统，只利用区块链实现数据公开透明不可篡改，而不对会调整系统业务流程。

保密程度高的应用，如果需要用到数据不可篡改不可伪造、数据可追溯等特征，必须建立自己的私有链或联盟链，从数据上链开始就必须对数据上链全过程进行加密处理、加密存储和授权访问。

7. 目前，中国有关区块链的法律有哪些？分别如何影响区块链的发展？还需要在哪些方面增补或完善？

中国目前有关区块链的专项法律还没有，最高规格的专门规定只有经 2019 年 2 月 15 日国家互联网信息办公室室务会议审议通过的《区块链信息管理服务规定》。

这个规定的出台，有它内在的迫切性，尽管该规定本身与区块链系统特点有内在的冲突，将会抑制国内公有链在应用上的发展，但对联盟链和私有链的发展有利。因为公有链是完全去中心化系统，不受任何管理。

区块链本身在确保数据具有不可篡改不可伪造的同时，具有去中心化特征。这种去中心化，必然会对原有的中心化组织管理方式带来极大冲击。如何将区块链去中心化的优势发挥到最大，同时抑制其不受管治的劣势，确保区块链的健康发展，确保区块链为社会发展贡献积极力量，是下一步在法律法规方面需要进一步调整和适配的。

三

区块链行业异于其他行业的 N 个表现及根源

如果将 2008 年中本聪的白皮书发布视作区块链概念和区块链行业诞生标志的话，十余年间，整个行业经历了从潜伏期或准备期，到 2015 年以后直至 2018 年 6 月份出现的第一次高潮期，到现在的一个低迷期。行业发展周期性的涨涨落落本是经济运行的正常现象，但区块链行业又有一些异于其他行业的地方。

一是区块链这个行业的内涵是非常复杂，以至于到底什么是区块链，什么是区块链行业，目前都没有一个能够被大家普遍认可的定义。

不同的人站在不同的角度，好像对区块链都有自己的理解，而且不同人的理解差异也是如此之大。有人把虚拟货币（如比特币）的底层技术内容当作是区块链，也有人把虚拟加密货币当作区块链，还有人认为“挖矿”行业是区块链行业，甚至还有人把虚拟加密货币的市值管理工作也视为是区块链行业的一部分。

二是区块链行业的这波热潮来得迅猛，去得又迅速，与历史上任何一次科技革命相比，其涨落都要更加剧烈。

区块链从一小部分技术人员的业余爱好和极客的信仰，短短时间内席卷全球，跨越了国家和民族的界限。2018 年 1 月份全球虚拟加密数字货币市值就达到了 6100 亿美元，超过了阿根廷全年的 GDP。但仅仅 1 年之后，大批区块链企业倒闭，很多从业人员黯然离场。当前全球虚拟加密货币市值仅 1267 亿美元，仅为高点的 1/5，目前比特币单枚价格 3739. 6 美元，也只是其峰值 19870. 6 美元的 18. 8% 。

三是区块链行业的涉及领域或潜在涉及领域非常广阔。

目前，有人称区块链为第四次工业革命，也有人称区块链为第五次工业革命，把区块链的历史地位提升到蒸汽机、电力、信息和互联网的高度。在如此短的时间内，全世界主要国家、各主要行业都对区块链投入了高度关注并开展了相关研究，涉及的领域从最初的金融市场延伸至物联网、公益、社会管理等各个方面。

四是区块链对世界的影响非常复杂。

世界上各个国家对区块链的技术发展持支持态度的，并投入重金开展相关的研究，但在区块链的其他方面的发展上，态度却是如此不同。对 ICO、STO、通证经济，对虚拟货币发行和交易、对“挖矿”，不同的国家采取了各自不同的态度，部分国家的立场竟然是完全相反的。也有一些地区，表面上的立场与私下的动作也不是完全一致的。

五是区块链的落地应用是非常困难。

时至今日，尚未见到区块链技术和理念的大规模推广应用。我们见到的区块链最大规模的应用，还是基于虚拟加密货币的发行、获取、存储和交易。在其他领域，即使有些应用方面的报道，也仅限于一些特定领域，应用效果未见到更进一步的深入报道。与之前提到的第四次或第五次工业革命的前景相比，只能说聊胜于无。

如果继续分析，还能梳理总结出更多区块链行业与其他行业的区别。这些区别背后，既是区块链这个行业的特性所在，也是区块链的魔力所在。以往的技术革命，主要是通过技术手段改变资源要素配置方式，提高资源要素的使用效率。区块链却恰恰相反，它通过资源和要素的更大程度的消耗，达到信息的多点冗余分布，从另一个方向改变资源和要素配置方式，试图通过信息的更加透明，实现行为的更加自主管理，进而从总体上降低交易成本、激发个体活力、提高整体效率。

基于以上分析可知，区块链应是后工业化时代的产物。在区块链的发展历程中，会夹杂一些反主流反管制的内容。到底是促进了区块链以及整个社会的发展，还是制约了区块链以及整个社会的发展，既有待我们从理论上进行深入分析，也有待实践做出检验。这需要从业者和管理者，既要有科学的前瞻预判，也要保持一定的宽容和敬畏之心，更要“大胆的假设，小心的求证”，从人类历史发展的角度，探索正确的区块链发展方向。

四

区块链行业怎么就低迷啦

2018年6月份，大部分虚拟加密货币市值萎缩甚至归零，区块链行业整体陷入低迷。一部分区块链公司倒闭，大批从业人员离场。倒闭公司涉及币圈、链圈、矿圈、区块链自媒体、虚拟加密货币交易所等与区块链相关的细分领域。进入区块链行业的资金日益减少，部分机构和大部分小散户成为“韭菜”，被迫出局。

区块链行业陷入低迷，直观看有法律法规和严格监管方面的原因，但更深层的原因是技术和应用价值尚未显现。

（一）法律法规和监管只是表层原因

2017年9月4日，中国人民银行、银监会和证监会等七部委联合发布了《关于防范代币发行融资风险的公告》（以下简称《公告》）。《公告》指出，代币发行融资是指融资主体通过代币的违规发售、流通，向投资者筹集比特币、以太币等所谓“虚拟货币”，本质上是一种未经批准非法公开融资的行为，涉嫌非法发售代币票券、非法发行证券以及非法集资、金融诈骗、传销等违法犯罪活动。

2018年8月24日，银保监会等五部委发布《关于防范以“虚拟货币”“区块链”名义进行非法集资的风险提示》，再次提示ICO非法集资风险。北京、深圳、海南、上海等地也相继发布了关于虚拟货币非法集资相关的风险提示，主动抵制和防范以“虚拟货币”“区块链”“ICO”及其变种名义进行的非法集资行为和活动。

《关于防范代币发行融资风险的公告》和《关于防范以“虚拟货币”“区块链”名义进行非法集资的风险提示》两个文件，在国内杜绝了利用区块链以 ICO、IMO、IFO、IEO、STO 等方式募资的可能性，国内虚拟货币交易所转向海外布局。随着国家严格外汇管理，法币资金出海进行虚拟加密货币交易也得到有效遏制。

2019 年 1 月 10 日，国家互联网信息办公室在发布《区块链信息服务管理规定》，要求在区块链信息服务方面落实信息安全管理主体责任，明确“区块链信息服务提供者应当具备与其服务相适应的技术条件，对于法律、行政法规禁止的信息内容，应当具备对其发布、记录、存储、传播的即时和应急处置能力”。该规定出发点在于“规范区块链信息服务活动，维护国家安全和社会公共利益，保护公民、法人和其他组织的合法权益，促进区块链技术及相关服务的健康发展”，但上面的规定与区块链去中心化、信息不可篡改等特性是冲突的。业内普遍认为，《区块链信息服务管理规定》的实施将对公有链的发展带来重大影响。

作为区块链商业模式主要创新的通证经济，试图通过对消费者社群实施通证激励，实现社群裂变，加速商品流转流通。但现阶段的通证激励与传销、多级分销等违法违规行为在表现上难以区分，而且在具体实施上，尚难见到相应的案例落地。

法律法规的出台以及严格监管，最多只是区块链行业陷入低迷的表层原因。即使国家不出台相关的法律法规，靠“币”驱动的区块链行业，不能真正创造价值，没有价值来源和价值依托，依靠人们的投机行为吹大的泡沫早晚会被刺穿。

（二）技术及应用层面的价值尚未显现

很多人将目前的区块链行业低迷归结为技术不成熟。我们认可区块链技术尚需进一步发展的观点，但并不认为区块链技术不成熟是区块链行业低迷的主要原因。区块链本身并没有新的技术产生，都是对已有技术的应用和整合，包括近期比较热的闪电网络、状态通道，在本质上也只是分布式计算的一种应用，并非什么石破天惊的新技术。

区块链行业陷入低迷的根本原因，在于区块链尚未给生产和生活带来新的价值增长。从行业一开始的潜伏期到去年上半年的高潮期，区块链行业一直在持续大量地消耗资源，包括“挖矿”以及与之相关的矿机研发和生产制造等上下游产业。从经济社会整体来看，这些所谓的区块链行业并没有带来任何有益的价值。期间虽然有个别区块链应用落地，但其影响、规模和效果极其有限，还远达不到推动经济发展和社会进步的程度。

为什么大家都如此看好的区块链，却没能在经济增长和社会进步方面带来新的价值增长呢？第一，在于目前的行业虽然存在痛点，但远未到必须要改的程度，即痛点不够“痛”；第二，区块链改造行业的效果尚不明显，改造效果需要长时间才能显现，远非其他技术改造效果可以立竿见影。

一些业内专家对区块链并不看好，其中原因之一是目前并没有明显的行业痛点是必须要用区块链技术解决的，其他技术手段也同样可以解决，并且可能效率更高。这种认识和判断有一定道理。如果继续深究，就必然要涉及区块链到底是什么，为什么一定要去中心，去中心又能在哪些方面提升经济效率？

业内专家不看好区块链源于单点效率提升的单一视角。认为已有系统中多方安全协作的环节，完全可以通过传统的信息安全和多方安全计算等技术手段实现，未必一定要用区块链体系化的解决方案。但这只是看到了问题的一个方面，并没有看到区块链技术的实质和未来真正的发展空间所在。

区块链通过对传统的组织管理流程的重新组织，颠覆掉很多传统流程中必须存在的环节和内容，这必然会带来一定程度的不适应，其运行和发展，也必然有悖于传统技术提升单点效率的路径。推进速度既慢，又会浪费大量的资源，在新的系统和协作关系尚未完全建立起来之前，还很难见到更高的效率。这里新的系统和协作关系，并不仅仅限于信息系统的层面上，还有组织管理流程，更重要的，还有大部分人对区块链的深刻认知和大部分人的更大程度的自主性的发挥。

区块链当然可以在已有系统之外新建或另建一套系统，实施所谓增量改革，创造出新的价值。但由于区块链并非单点技术，而是系统体系，在新建或另建系统的过程当中，又必然要与传统的系统发生各种关联，协作难度也非同寻常。无论是做增量改革，还是对已有系统改造，都不是原来我们预想中的小公司甚至个人，基于共识进行合作，就可以轻易颠覆掉传统的大公司体制或者科层管理体制。从区块链的技术和应用特性来看，更需要持续性的大投入，才有可能取得技术上和应用上的突破。而这，远不是创业公司可以做到的。

（三）区块链未来应如何前行

区块链的底层技术架构有其优势，也有明显的弊端和不足。具体来讲，区块链系统仅是记录交易数据，而没有对数据进行大规模处理；由于存储和带宽的限制，传统的大型关系型数据库以及大数据基本被排除在区块链系统之外；另外，所有数据的全网一致性冗余分发，造成了巨大的存储和带宽浪费，其必要性值得进一步从经济学、政治学、伦理学以及哲学层面进行深入研究。

区块链技术改造的传统产业目前已处于产业互联阶段，产业互联网需要多种技术的有机融合体。由于区块链本身在技术和应用上存在不足，那么想要推动经济发展和社会进步，就必须与其他技术手段融合发展。其他技术既包括传统的互联网、移动互联网，也包括正在涌现的消费互联网和工业互联网，还包括了目前正在使用的云计算技术、大数据技术、AI 技术、物联网技术等更具体的技术内容。

此外，区块链之所以有巨大的应用前景，不仅在于技术层面，更在于它去中心化的管理组织、数据不可篡改、去第三方信任等技术属性带来的更广阔的应用空间。在应用推进过程中，区块链及其衍生内容不可避免会与传统的法律法规、制度习惯产生抵触或冲突。区块链的未来发展需要区块链的项目实施方和监管部门深刻把握历史发展规律，实施前瞻性预判。监管部门在法律法规制订、制度习惯流程修改方面，需对区块链的创新，以宽容的态度实施善意的举措。项目实施方要在法律法规的框架下真实有效的推进项目发展，并接受监管部门的监督和管理。

五

区块链下半场？别逗了，上半场还没开始呢

2018 年 6 月份，很多币种价格短时间内快速归零，币圈整体走势“一落千丈”，很多人认为区块链上半场已经结束。8 月份开始就不断有报道喊出“区块链下半场”的口号。区块链真的这么快就进入下半场了吗？如果区块链仅仅是比特币以及与比特币类似的一系列虚拟加密货币，那么区块链上半场确实已经结束了。但是，区块链仅仅是比特币吗？这个答案显然是否定的。

根据区块链的本质可以推出，区块链的应用重点在于跨企业和跨组织的行业流程重塑以及企业和组织内部的组织流程再造。目前打着区块链旗号的所谓“币圈”“矿圈”以及进一步衍生出来的交易所、钱包，并不是区块链发展的主战场。目前流行的通证经济，多是试图通过通证对消费端的社群实施激励，加速经济体内的商品服务流转和流通，这也只是区块链促进实体经济发展的一环，或者说是对互联网营销的深化，还远远谈不上是区块链的深度应用。

（一）2017～2018 年的币圈大热到“凉凉”说明了什么

如图 3－1 所示，大部分产业生态的发展过程，都会经历从概念驱动，到原有产业结构调整、新兴产业内容逐步充实、新技术逐步成熟并得到运用、技术和产业规范形成、竞争初现、垄断形成，最后到达生态平衡的几

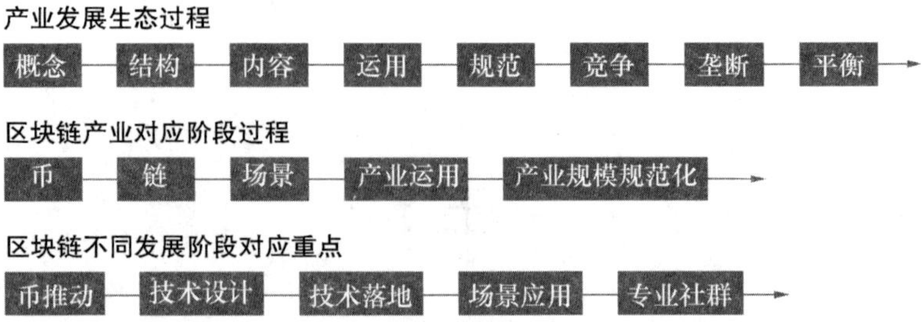

图 3－1　产业发展规律及区块链发展过程

个阶段。

从区块链的发展历程来说，2017～2018 年的币圈大热到“凉凉”，恰恰对应了区块链这一新兴行业（产业）的概念驱动阶段。区块链通过“币”这一媒介，完成了区块链的概念推广、投资者教育和市场布局。即使是从一般性的产业生态发展规律来看，也不能说区块链上半场已经结束，而是上半场还远未开始。接下来，将是更加波澜壮阔的技术驱动和应用驱动，再接下来就会是规模更加巨大的对传统的经济组织和社会组织的组织管理流程的改造。

（二）区块链的哪些要素驱动了经济发展和社会进步

上面我们从产业发展的一般规律阐述了区块链的整体发展阶段。下面我们从相对具体的层面进一步分析区块链的哪些要素会促进经济发展和社会进步，如图 3－2 所示。

区块链驱动经济发展的要素可总结为两个层面，一个是具体的应用层面，我们称之为“术”，一个是抽象的理论层面，我们称之为“道”。

在“术”的层面，又分为三个层次。

第一个层次是分布式账本，这是区块链技术层次的内容。区块链这种分布式、去中心、去第三方信任的技术，能够解决传统中心方式下的中心节点失效、对中心节点信任不足、自组织程度不够等问题。

第二个层次是通证激励。通证激励一定要贯穿被区块链系统改造的所

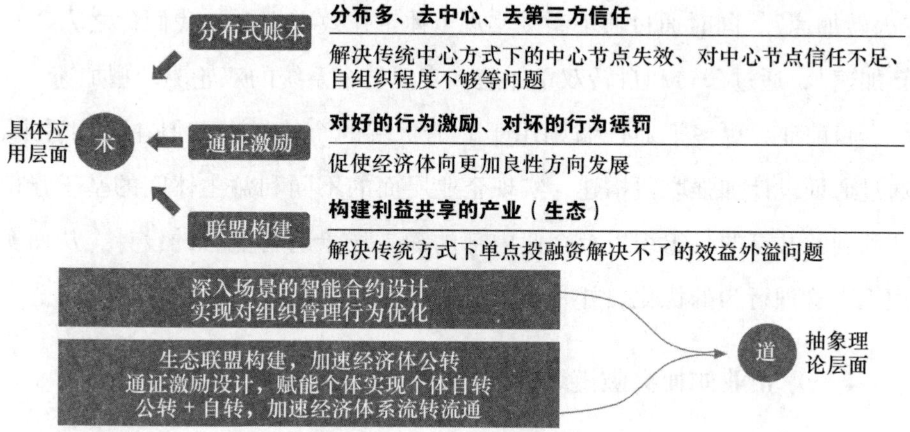

图 3－2　区块链驱动经济发展的要素

有场景和环节，通过对不同场景和不同环节下的人的活动进行分析分类，对好的有利于系统向良性方向发展的行为给予激励，对不好的不利于系统向良性方向发展的行为给予惩罚，以此驱动整个系统向更加良性的方向发展。

第三个层次是生态联盟的构建。基于共识，构建更大范围内的企业间的利益共享的产业生态联盟，实现行业流程重塑，以解决传统中心方式下很多单点解决不了的问题以及多主体相互信任不足的问题，以极大降低关联业务主体间的交易成本。

区块链驱动经济发展要素的第二个层面，也就是“道”的层面，可以大体分为两个层次。

第一个层次是通过深入场景的智能合约设计，从而实现对基于个体的经验型的组织管理行为的最大程度的优化，以提高生产和管理效率。这里说的智能合约，一定是基于场景的和基于业务逻辑的，而不仅仅是目前基于公链的“币”的交易的简单的智能合约，一定是在此基础之上实现的对智能合约内容和逻辑的极大程度的扩容。

第二个层次是通过通证的全方位设计，加速经济系统和组织机构的流动性和速动比。通过生态联盟构建以实现系统整体效率提升，我们称之为

"公转加速"，同时通过通证激励实现个体工作效率提升，我们称之为"自转加速"，通过公转和自转双重加速，实现整个系统的双轮驱动型加速。

目前业界更多把通证激励用于对消费端的个体激励，但在我们看来，通过通证设计加强联盟构建，实现企业层面的不同利益主体间的基于强信任和利益共享的自组织以及企业内部的深入场景的智能合约设计，从而实现组织管理行为的优化，才是区块链发挥更大作用的领域所在。

（三）企业如何突破链改的固有路径依赖

信任关系的建立，既需要整体大环境的良性发展，也需要技术上的支持，更需要业务主体间共识的建立。大环境既包括制度方面的因素，也包括社会道德方面的因素，还有经济方面的因素，不是单一主体能够完全左右的。因此，当前企业能够推动并且快速见效的，更多还是在企业能够自主管理的范围内。通过区块链技术，推动企业内部管理流程的再造，也就是企业链改，就成为很多企业和业界当前的选择方向。

区块链又是如何帮助企业进行区块链改造，以提高生产效率呢?

在企业链改的突破路径方面，也可以从两个角度来考查。其中一个角度是静态视角，即从静态来看，企业从哪些方面可以进行链改；另一个是动态视角，即从企业生产的内容，即产品的研制、生产和推广应用的角度，来研究企业如何进行链改。如图 3 -3 所示。

1. 链改路径突破的静态视角

从静态视角来看，企业链改的内容大体可分为三个部分，这也是我们与其他从事通证设计者的最大不同所在。大部分通证设计者更强调通过通证设计实现对消费者的激励，以实现消费社群最大程度的裂变。我们也认可通证设计这一功能，但远远不够。如果通证设计仅停留在这一个维度上，很有可能走向资金盘的模式。

从整个经济体系来看，必须回到供给侧，也就是产品这一侧，这是进

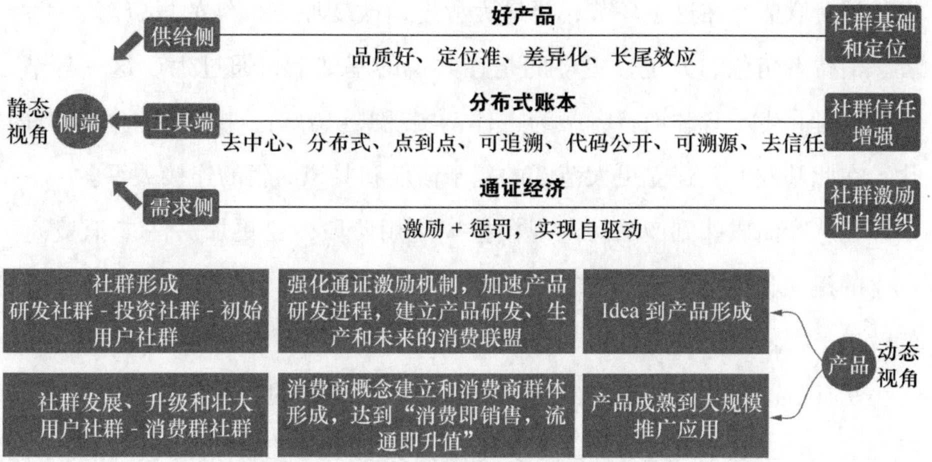

图 3－3　链改路径突破的动态和静态视角

行链改的前提和基础，也就是必须要有好的产品。对好的产品是指质量好、定位准、差异化等要素。

供给侧有了好的产品之后，还需要有相应的技术进行支撑，这个技术就是中间的工具端。工具端就是区块链中全网一致性冗余分布式账本，它具有去中心、分布式、点到点、可追溯、代码公开、可追溯、去信任等功能。

需求侧在这里更多就是通证经济的运用，实现对消费端的激励。

从供给侧通过工具端到达需求侧，这是静态视角下企业链改路径突破的比较完整的内容架构。

2. 企业链改路径突破的动态视角

产品是经济组织和社会机构向外输出最重要的生产内容。同时，产品也是动态的概念，具有它自身的全生命周期。因此，企业进行链改，更应该从产品的角度来研究和设定企业的动作。

在产品从想法到产品落地的过程中，通过强化通证的全流通设计，来加速产品的研发和上线。通过共识机制的建立，形成产品研发、生产和未来的消费联盟。在这个环节，要最大程度地改变原来单纯的投资者、生产者、消费者角色的界定，更多的是在共识的基础上，通过生产这一环节，将投资者、生产者和消费者融为一体，实现共识驱动、投资内生、消费内化，在此基础上，建立更大范围的基于信任和共识的新的连接关系。

在从产品成熟到产品的大规模推广应用阶段，要更加关注“消费商”概念的建立和“消费商”群体的形成，达到“消费即销售，流通即升值”的效果，促使整个体系的自动自发。

从社群的角度来说，供给侧，也就是产品本身的特性决定了社群的基础和定位。工具端通过分布式账本等工具实现了从产品供给到产品需求的信任建立和信任增强作用。需求侧通过通证激励等手段，实现了社群激励和社群的自组织。

在产品由想法到形成的过程中，实际上也是社群形成的过程，其中可能包括研发社群、投资社群和初始用户社群，还有更大范围内的基于产品的社群联盟。在从产品成熟到产品大规模推广应用阶段，是社群发展、升级和壮大的过程，最主要的是要实现从用户社群到“消费商社群”的转化。

（四）区块链方式下的产品形态是什么

如前文所述，企业链改需要更加关注供给侧，也就是产品。区块链方式下的产品形态是什么？让我们一起回顾一下传统方式以及互联网的产品生产要素和流程。

1. 传统方式下的产品生产要素和流程

在传统方式下，企业通过调研，获取用户需求，再进行需求分析，然后是产品定位、产品设计和产品生产，之后通过向用户销售产品获取利润，再之后会将利润作为投入扩大再生产，生产出更多的产品。然后通过下一轮的用户满意度分析，再逐步进行产品的升级迭代。具体如图3－4所示。用户、产品和资金（利润）是传统方式下的几种不同的生产要素。

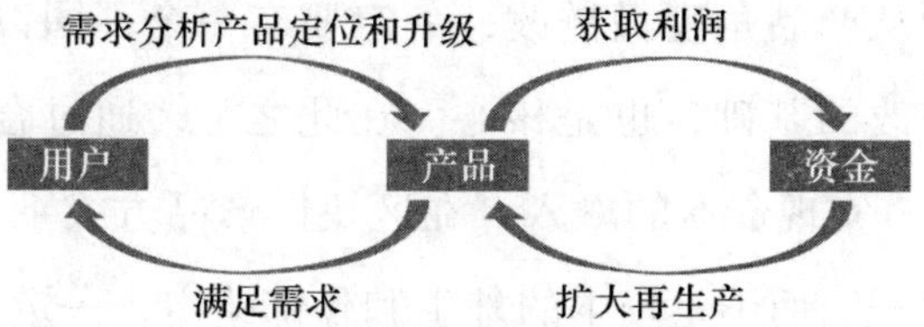

图3－4　传统方式下的产品生产要素和流程

2. 互联网方式下的典型产品生产要素和流程

互联网解决了信息的不对称。并产生了多种不同的产品形态和类型，最典型的就是平台型产品，如图3－5所示。平台型的产品结构中存在不同的用户类型，比如说美团，一边是商家，它有很强烈的对客户的需求，当然也有基于自身产品特性而形成的对用户消费品味的定位；另一边是大量的消费者，他们会有基于自身特性的对特定商品的需求，但由于各种条件限制，消费者不可能实地去每一个商家去寻找和匹配他们自己对商品的需求，这在时间上、经济上都划不来。

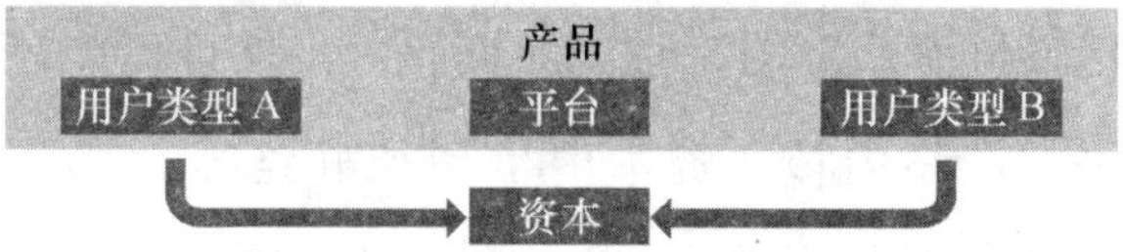

图3－5　互联网方式下的典型产品生产要素和流程

美团创建了一个O2O产品，通过线上进行信息匹配，在线下进行信息兑现，即实体消费，从而促进了整个流通效率的提高。在这个方式下消费者是用户A，商家是用户B，美团做的平台实现了用户A和用户B的高效连接。用户A也好，用户B也好，包括平台，都是这个产品的一部分，他们整合在一起，才是产品本身。在平台产品形态上，资本相对来说还是外部要素，通过这个外部要素的投入，促进这个产品本身的发生、发展、壮大、成熟。

3. 区块链方式下的产品生产要素和流程

区块链与传统方式和互联网方式下的产品生产要素和流程有什么区别呢？首先，企业从产品角度做链改，一定要有一个不同以往的产品内核，这是企业产品链改的基础，也是核心。在此之上，通过合法合规的公/私募、IPO 等方式，实现资本的融入。在区块链产品方式下，资本融入需要是资本内生的过程，而不是资本的外生和外部给定，一定是基于产品自身特性和共识认可而被吸引和被吸附的。如图 3 －6 所示。

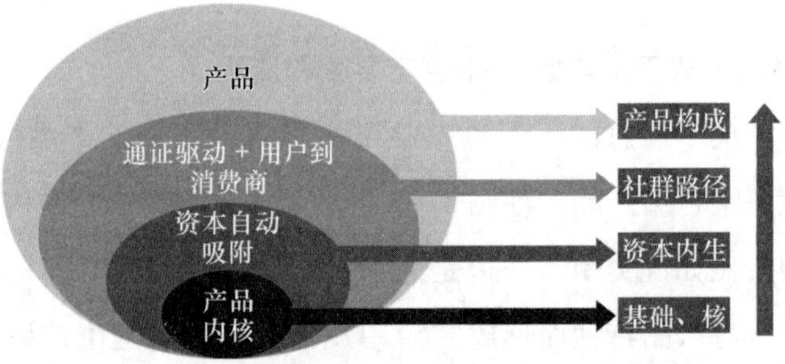

图 3 －6 区块链方式下的产品生产要素和流程

在资本自动吸附的同时，还会通过通证的驱动和激励，实现用户到消费商的转变，这是社群路径的生成。从基础、核心到资本内生，到社群路径生成，这是区块链方式下的完整产品概念，当然也可能还有其他的要素没有被包括进来。产品内核、资本内生和社群路径，三者一定是互相融通、互相贯通，逐步形成、逐步完善、逐步升级的一个永续过程。

（五）区块链上半场如何展开

区块链的发展已经从最初的概念到逐渐体系化，很多新的元素仍在不断地填加进区块链体系中，渐渐成为一个复杂的综合体。不同人站在不同的层面和角度，对区块链有不同的认知，对未来发展，也有不同的判断。

综上所述，区块链的上半场仍远未开始。底层技术基本成熟、相关配套措施基本到位、区块链对实体经济开始发挥显著作用，应该是区块链上半场开始的标志。

在区块链上半场展开路径方面，区块链仍然会遵循从易到难、从消费端到产品端、从表层到深层的一般规律。

在服务实体经济发展方面，首先是目前在做的通证激励，实现消费社群裂变，加速商品流转流通。这个发展过程肯定会伴随大量的泡沫，包括以次充好以及衍生出来的类传销型资金盘。但同时，一部分看重长远发展的企业会着重于通过私有链的构建，完善企业内部组织管理流程。J. P. Morgan 日前发行的 JPM Coin 在某种程度上也是这方面的一个例证。

在此基础上，另一部分企业，会通过构建企业级的生态联盟，实现企业上下游之间的生产关系的整合。这个环节肯定是区块链改造经济和社会组织体系中最难的，也是价值最大的。随着企业联盟的构建，整个行业的组织生态将会发生巨大变革，与之相应，政府的管理模式、行业与行业之间的关系，也会随之发生巨大变化。

六

目前区块链行业都在做什么

（一）区块链三大圈

根据目前区块链行业正在做什么，区块链行业可划分成三个圈，分别是币圈、链圈及矿圈，民间说法中还存在一个盘圈。

1. 币圈

币圈是指一拨专注于炒加密数字货币，甚至发行自己的数字货币筹资（简称 ICO）的人群，偏向于资本运作。包含有两类：一是基于区块链技术的主流货币，如比特币、以太坊；二是数字货币筹资即发行新币，如有莱特币 LTC、未来币 NXT 等。

币圈的炒币行为跟炒股套路雷同，以高抛低吸套利，混迹于这个圈子里的人又分别以“老韭菜”和“新韭菜”戏称。

币圈野蛮生长乱象从生，2017 年虚拟币以“丧心病狂”的暴涨后，社会各界对虚拟货币的产生了诸多质疑。币圈乱象从生由来已久，“暴富”“骗局”“割韭菜”是币圈的代名词。

此外，币圈一直缺失监管，风险大。对于 ICO 项目以及通证资产，各国政府态度并不一致，中国明确禁止 ICO 及数字货币交易活动。

目前币圈整个趋势从疯狂转向冷静，价值币价值开始回归，空气币趋向归零。

2. 链圈

链圈是一群专注于区块链技术的研发、应用，甚至区块链底层协议编程的人士。链圈更多指的是靠区块链技术尝试改造其他行业，且偏向于技术研发。

如何利用区块链技术与实际应用场景相结合，创造出新的商业模式和商业价值，是链圈一个长期研究的课题。溯源、防伪、融资等都是区块链的场景应用。

由于2017～2018年的币圈的疯狂发展，整个外部环境打乱了链圈发展的节奏，目前链圈正回归到原来的理性发展轨道。区块链作为一种科技创新备受各国的关注和推崇。2018年中国各地发布了不少的支持性政策，如中央网信办出台区块链管理条例，且相关行业标准各地也正在积极制定。

3. 矿圈

矿圈是一群专注于“挖矿”的“矿工”，这些矿工大多出生IT行业。比较有名的挖矿组织有比特大陆、嘉楠耘智、亿邦国际等矿机企业。矿圈有着更加“高级”的生意，如倒卖矿机，开矿场，托管，挖矿等。

矿圈形成初期，矿工以程序员居多，但现在已经形成相对成熟的产业链，矿池、虚拟矿机和托管业务的出现，把矿工的门槛降到了最低。

矿圈发展至目前，具备以下几个特征。

一是挖矿条件改善，具有高算力服务器，算力日渐增长。挖矿经历了从PC挖矿到GPU挖矿，从ASIC挖矿到矿池集群。

二是挖矿成本增加。随着参与人数的过多，币量的减少，矿机和电费价格的升高，导致挖矿成本逐步升高。

三是挖矿收益大幅减少。熊市币价的剧烈波动，挖矿成本的升高，造成矿机价格收益减少。

4. 盘圈

盘圈就是指做资金盘币的一类人，这类币的运行模式类似传统的传销方式如人拉人，承诺超高收益等。区块链行业发展的好与坏与盘圈的存在有着很大关系。

（二）区块链技术的探索

继中本聪设计发明了比特币系统以后，区块链的研发工作，基本都是按照中本聪所设定的路线向前推进的。我们暂且不谈所谓的盘圈、矿圈和币圈，仅就区块链技术和商业模式落地的链圈，从大的方向来讲，目前从事的工作仍然是围绕公有链、游戏、交易所、钱包等几个方向开展。更加专业一些的团队，可能会侧重在进一步提高 TPS（交易速度）、隐私保护、跨链、智能合约安全、新的共识机制等几个方面。跨链是随着区块链的发展而新涌现的一个需求。智能合约的安全本质上是传统的代码安全。共识机制也是传统的安全多方计算的一个分支。

但也有些工作是伪命题。比如进一步区块链性能和安全隐私问题。

第一点性能问题。被认为是区块链系统在应用方面面临的最大问题。区块链由于数据要在全网实现一致性分发，且写入区块的同时还需要其他人的认可和认证，因此，其交易记录速度必然会比中心化网络慢。此外，区块链系统用的是非对称密码算法实现人和身份的认证。非对称密码有许多优点，但其缺点就是运算速度慢。因此，在底层技术架构没有改变，在关键技术没有重大突破之前，是不可能大幅度提高区块链系统的性能的。

区块链系统的性能指标主要是 TPS，也就是每秒钟能够处理的交易笔数。2017 年“双十一”时期淘宝处理交易数据的峰值是 25.6 万笔/秒，银联的 TPS 数据是 2000（2014 年数据），VISA 的 TPS 是 1700，理论峰值是 56000，这些还都是中心化系统的数据。在时延上区块链系统肯定不如传统的中心化系统效率高。

TPS的高低取决于很多因素，包括网络带宽情况、网络节点数量、节点地理位置分布、写入的数据量大小、数据真实性认证算法、节点的计算能力等。TPS肯定是区块链系统大规模应用面临的一个问题，但如果不根据应用场景要求做底层架构上的调整，单纯在实验室环境下用各种办法试图提升TPS，并没有实质上的意义，更不会取得本质上的提升。

第二点是安全和隐私问题。实际上是两个不同的问题。区块链本来不存在安全问题，也不解决安全问题。在以太坊引入智能合约之后，由于智能合约编程的不严谨，反倒是给区块链系统带来安全性问题。人们常说的区块链的安全问题，更多是数字货币方面的安全问题，比如钱包和交易所的安全问题，但钱包和交易所本身不是区块链系统。

隐私问题在区块链系统中本质上不是技术问题。因为我们的交易记录需要得到别人认可，因此就需要确定哪些交易记录需要认可，又需要哪些人认可，而这些又取决于我们的应用场景。需要别人认可，就需要对别人公开内容，就不可能保护隐私。想要保护隐私，就不应该对人公开内容，但这样别人也不会对我们的交易记录进行认可。

隐私问题实际上是一个业务场景的应用问题，而非技术问题。即哪些信息公开、在多大范围内公开、对谁公开、对谁不公开。如果这些业务场景的具体需求可以确定，信息隐私问题可以通过传统密码学中的密钥分割和安全多方计算协议得以实现。对于交易记录，可通过不同层面的分解，包括利用零知识证明等一些技术手段，可以实现在不泄露更多内容的前提下要求别人确认，但是确认的是事件的发生和存在，还是确认事件本身的具体内容，还有待进一步分析。

七

区块链的下一波风口在哪里

当前，区块链行业发展步入熊市周期，一批批区块链企业倒下、一茬茬的从业者离开，但也不乏有人卷土重来，也有新人无畏入局。一切来去，皆有因果。只是，区块链还值得坚守吗？如果坚守，应该往哪个方向努力？

或许对坚守的从业者来说，目前最想知道、最关注的问题还是区块链下一波风口如何到来？

然而在回答上述问题前，就必须要弄清楚区块链上一波风口的内在逻辑是怎样的？因为只有通过和区块链后经济和社会价值以及上一波风口的内在逻辑来看，我们才能进一步探究下一个风口有没有可能成立？在此之外还有没有新商业逻辑展开的可能？

（一）区块链上一波风口的内在逻辑是什么

2015～2018 年，区块链经历了一次大起大落的发展周期。那么，这一波风口背后的推动要素有哪些呢？

自 2008 年金融危机以来，世界经济普遍陷入低迷，经济增长速度至今也没有恢复到 2008 年以前的水平，大部分国家的人民生活水平处于停滞甚至倒退阶段，很多原来隐藏的矛盾也随之暴露出来。主要有以下几个方面：

（1）贫富分化问题凸显。自工业革命以来，全球性的贫富差距一直存在并且越来越严重，全球金融危机则进一步放大了这种差距。

（2）全球性的政治思潮极化。世界上有更大比例的民众不再相信中央政府，不再相信中央银行货币体系。如英国退欧，意大利宪法公投失败以及总理伦齐辞职及民粹主义势力上升等都是全球政治思潮极化的表现。

（3）全球性的资产荒暴发。多余资金拼命在全球找好项目，以期获取更高收益。

正是在这样的背景下，比特币以及由此衍生出来的区块链出现了。比特币的创立者中本聪通过计算机和数学算法，自创了一套点到点的货币支持体系。这一体系早期是一些技术极客、无政府主义者在背后推动，随着2008 年全球金融危机进一步加深，越来越多的人成为比特币和比特币背后区块链的推动力量，于是就推动了区块链的上一波风口的到来。

（二）风口过后留下了什么

从现实表象来看，区块链在上一波风口确实留下了一地鸡毛，还消耗了大量资源，其中包括大量用于“挖矿”的设备制造，“挖矿”过程中的电力消耗、存储和带宽浪费，所谓新商业模式的破产，对现有金融传统和金融秩序的冲击以及大多数人作为“韭菜”被收割……但从深层次分析，我们正是从这一地鸡毛中洞察到区块链行业与其他传统行业的区别所在以及区块链行业的特性。

如果把上一波风口中的区块链行业与其他行业进行对比，就会发现区块链行业与其他行业存在着明显的不同，至少表现在五个方面：一、区块链行业内涵十分复杂；二、区块链行业的这一波风口来得迅猛去得迅速；三、区块链行业涉及的领域或潜在涉及领域广阔；四、区块链对世界的影响复杂；五、区块链的落地应用困难。

区块链的发展逻辑与其他技术的发展逻辑完全不同。其他技术在发展初期虽然进展相对缓慢，但至少方向明确。区块链上一个风口的兴起，却是几股不同力量的综合推动，绝大部分是属于投机性质，很少有基于价值创造和价值投资方面的。上一波风口中的区块链行业，几乎没有创造出任何价值，反倒大量无效地消耗资源，无论是“挖矿”，还是虚拟货币交易，均概末能外。

如果区块链在大的方向上是正确的，那么其目前所经历的，恰恰暗含了熊·彼特的“破坏性创新”理论。1912 年，经济学大师熊·彼特最早提出“破坏性创新”概念，他把创新视为不断地从内部革新经济结构，即不断破坏旧的，不断创造新的结构。他还认为创新就是企业家对生产要素的新组合，即“建立一种新的生产函数”，其目的是为了获取潜在的利润。创新就是让过去的固定资产设备和资本投资过时、无效，或者贬值，通过创新产生大量新的资本（利润）来弥补这些贬值和无效。

近百年后，克里斯坦森再次清晰地提出“破坏性创新”，并弥补和改进了熊·彼特的创新理论。他认为，破坏就是找到一种新路径。破坏并不是突破的意思，突破的含义是在原有的基础上进行创新，因此突破性的技术通常是维持型的技术，而破坏则是找到一种新的生产函数和模式。低级市场的破坏性创新通常是指事业模式与产品的创新；新市场的破坏性创新，指的则是在简易性与价格负担上的创新。

区块链截至目前的发展，更多的是在破坏。但区块链上一波风口的主要方向，却远离了区块链本应有的创新方向。基于以“币”为载体的驱动，更多利用了人的贪婪和无知，在圈进一拨人入场的同时，通过“割韭菜”、收“智商税”的方式，在没有创造任何价值的情况下，强制性地完成了一拨财富重新分配。

区块链最大的价值，在于对经济组织和社会管理模式进行的结构化改革。区块链行业发展的下一步将通过更大规模的破坏性创新，重构新的商业模式和社会治理模式，实现区块链应有的经济社会价值。这种破坏和重构，其主流不应再是基于炒“币”模式的投机驱动，而是在对传统的组织管理流程和工作机制的重逆，资源的消耗方式也应通过技术和应用场景进行精准的计算和必要的重构。

区块链行业接下来将会经历更加波澜壮阔的技术驱动和应用驱动，并进一步发展成规模更加巨大的、对传统经济和社会组织管理流程的升级和改造。其过程注定不会一帆风顺，可能会伴随着更加巨大的破坏性。但只有在更加巨大的破坏性中，新的模式才会脱颖而出。

（三）区块链的下一波风口在哪里

区块链的创新模式完全不同于以往。区块链的创新是在技术层面，但更多的是在组织治理和流程再造方面，其创新路径也不再是通过“边缘革命”实现“增量改革”，以期实现“帕累托最优改进”，而是直接面向传统的组织治理和已有的工作流程，通过资源的更大程度的消耗，也就是更大的破坏，进而重塑为全新的治理秩序和流程。这里的“资源”不仅是指区块链应用中的计算、存储和带宽资源，更广泛意义上是指已经形成的相对固化的组织制度和文化。

区块链的上一波风口是在世界经济整体陷入低迷、贫富差距进一步拉大、全球政治思潮极化以及大量游资急于寻找好的投资标的的背景下，以虚拟加密货币为载体进行的投机性驱动和区块链概念的普及。这一波风口消耗了大量的资源，但新的标志性的商业模式和社会治理模式并没有产生。

目前世界的政治经济环境与2008年金融危机时相比，并没有本质改变。因此，各种力量依然会继续寻找和制造新的投机机会。上一波区块链风口通过“币”的推动对民众进行了区块链概念的普及，但普及的深度、广度，远未达到应有的程度，不知道区块链，甚至不知道比特币的人还占绝大多数。在这种情况下，各种投机力量，将会改变原来的玩法，继续将各类新“韭菜”拉入场中进行收割。同时，面向最终落地的各种应用，也会以不同的形式逐步展开。但区块链要完整实现联盟链、私有链和公有链应有的落地，尚需很长时间和各种条件准备。

从区块链服务经济发展和社会进步的角度，在接下来的几年内，可能的风口至少包括以下几个方面。

1. 包含区块链技术在内的多种技术的融合

区块链有其技术局限，短期内也很难取得根本突破，因此汲取区块链的思维和技术内容，与其他技术进行有机融合，寻找相应的落地场景，是短期内区块链技术取得突破的比较适宜的切入点。

从技术层面，区块链技术将在数据的获取与处理方面，与大数据、物联网等技术进行深度融合，进行技术架构的重构。新架构的区块链系统将不再仅仅是记录单一类型的交易数据，而且能够通过传感器获取不同类型的海量数据，同时记录和存储原有的各种关系型数据和大数据，并且还能够对数据进行有效的处理。

在数据内容和数据关系的挖掘方面，区块链技术将与人工智能技术深度捆绑，在人工智能挖掘各种数据背后隐藏的相关关系的基础上，既能实现数据的透明和不可篡改，又能为数据服务人类生产生活增加新的维度。

2. 星际文件系统 IPFS

IPFS 是区块链概念诞生以后，算是在技术上应用区块链去中心化理念的最大创新。IPFS 原理简洁，表述优雅美观，应用空间不可限量。通过存储的分布式处理，使闲置的存储空间得到高效利用，既可以解决资源闲置问题，也可以解决应用存储空间不足问题。虽然目前 IPFS 在技术上尚不成熟，但其发展前景可期，这一领域有可能在未来 5～8 年诞生出一批世界级企业。

3. 区块链小微项目落地应用

区块链领域有技术问题，但本质上是商业逻辑和商业模式重塑问题。寻找相应的落地场景，始终是区块链领域的最主要发展方向。2017 年、2018 年已经有部分区块链项目落地，但规模尚小、影响有限。2019 年之后，这类项目将会越来越多，对社团治理和供应链管理改造的力量会越来越大，这也将是未来区块链发挥最大影响力的领域所在。

改造生产关系、重塑生产流程这一任务听起来过于宏大，但也不一定非要从顶层设计甚至顶顶层设计着手，可以从小处着手，以嵌入式的方式，对原有的中心化系统进行升级，通过点滴努力，逐步改写。凡是需要进行多方认证，以减少后期扯皮现象发生的场景，都是区块链技术落地的最好应用。在这一领域，即使是小微企业或初创企业，也有着巨大的市场空间可以挖掘。通过单点应用上的突破，再辅以快速的市场推广和复制，某一细分领域的未来独角兽企业完全可以通过 3 ~5 年的努力脱颖而出。

4. 应用的“币”的升级和深化

金融的数字化程度最高，痛点也相对最大，金融机构有着极大的压力的同时，也存在着对自身业务体系进行区块链改造的巨大动力，因此金融行业会较早地从不同路径开展“币”的改造和应用的深化，其中也包括从虚拟加密货币到各种稳定币的改造。

央行前任副行长吴晓灵曾指出：“虚拟货币有可能成为个人货币，但不可能成为法偿货币。短期来看，以区块链技术为支撑的应用在货币的支付以及其他具有可以去中心化以提高效率、要求认证以确保交易安全等流通环节是有用武之地的。”目前比较热的各种稳定币，以及 JPM 发行的 JPM Coin，都是在原有的虚拟加密货币基础上对“币”进行的基于应用需求的深化改造。

以 USDT 和 TUSD 等为代表的稳定币以法币进行抵押、以 DAI 为代表的稳定币以去中心化虚拟加密货币作为抵押、以 Basecoin 为代表的稳定币通过算法仿效央行的货币价格理论实现无抵押，这是目前稳定币的三种主要模式。但由于抵押过程不透明、自身信用不足、影响力不够等因素，目前这些稳定币的价格并不稳定，反倒是安全问题突出，且尚未形成商业上的盈利模式。

无论是稳定币，还是摩根大通币 JPM Coin，都有现实应用上的需求，都在理念上、技术上或架构上使用了区块链。未来，我们将会在更多层面看到基于各种需求、由不同发行方发行的各种各样的“币”。具体来看，在供应链金融、资金的清算结算、信用抵押担保等领域，原有的基于法币的流转流通将最先得到改造，其商业逻辑也将进一步完善，商业模型也将更加成熟。

5. 区块链概念的进一步推广和普及

前期通过“币”受到区块链教育的人，对区块链的理解并不正确。区块链在目前阶段的理论体系、技术体系、服务体系也尚不完善，需要专门机构和广大从业者对其进一步丰富和完善，同时进一步推广正确的区块链的理论和理念，拓展概念的宽度，调正教育的方向，丰富教育内容，挖掘教育深度。只有这样，才有可能让更多人参与到区块链体系中来，夯实区块链的群众基础。

目前，区块链培训机构如过江之鲫，水平良莠不齐。个别机构在 2017 年、2018 年可能赚到了第一桶金，但在接下来的区块链大潮中还能继续存在并赚得更多利润吗?

由于区块链前景确实太过于宏大，内容又过于庞杂，因此个别能赚取眼球、会包装概念的区块链培训机构仍然会有相当的市场，甚至在个别细分领域短时间内会取得耀眼的光芒，比如炒“币”和“挖矿”方面的培训。只有那些精通世界经济和历史发展大势、洞穿区块链历史地位和作用、有相当的专业性，同时在传播性方面又做得好的机构，才会占据下一波区块链培训领域的风口，而且其自身也会随着区块链领域的发展而不断向前发展，进一步推动和引领区块链行业在正确的轨道上不断前进。

BLOCK CHAIN
FOR CONSORTIUM

DR. GAO'S OBSERVATION
OF BLOCK-CHAIN

第四部分

区块链+行业应用的观察和探索

区块链具有去中心化、去第三方信任、系统集体维护、数据不可篡改不可伪造、数据可溯源等特点。这些特点使得区块链在很多行业和领域都有广泛的应用。

一

区块链应用研究急需引入中观视角

目前从事区块链研究的，可分为两类人。

一类偏向宏观，其学术背景大多为经济学或金融学，研究成果多通过业内的会议或区块链领域媒体进行传播，研究内容多为行业发展研判、行业应用落地设想。

另一类偏向技术，其学术背景大多为计算机或密码学，研究成果会通过学术会议或学术期刊发表，研究内容偏向区块链底层技术的改进。

前一类人大多缺少技术底蕴，很多研究成果不免人云亦云，成为空中楼阁；后一类人缺少社会科学和产业视角，研究成果多局限于具体技术层面的改进。

前几年北大两位经济学家张维迎和林毅夫关于产业经济政策的辩论引发了学界和政界很多关注。吴敬琏老先生很不客气地指出，两位经济学家的辩论仍停留在经济哲学的层面。也就是还是空对空的理论辩论，缺少实质性内容支撑。关于产业政策，日本在20世纪80年代的辩论就已经相当深刻了，而且当时马洪还组织了相关专家对日本产业政策的经典文献进行了翻译。

目前，偏向宏观研究的区块链学者也有这方面的问题。很多论述似是而非，缺少落地可能性，经不起严格的推敲。

而单纯技术层面的改进，难免会一叶障目不见森林。从本质上讲，并不存在特有的区块链技术，所谓的区块链技术，只是原有的几种成熟技术的组合，中本聪、V 神等人在已有技术之上做了有创造性的技术架构和技术组合。具体的技术研究和技术创新固然有用，但区块链从提出概念已经 11 年了，之所以迟迟不能大规模落地，还在于其原有的技术架构存在天然的不足。现在急需对中本聪和 V 神提出的技术架构进行解构，结合其他技术，提出更多更具创造性的新的技术组合和技术架构，以满足更多的现实需要。如果再有可能，针对不同的产业特性，创新组合出可以满足不同产业需求的区块链技术架构，这既是目前区块链研究领域的空白，也是未来区块链发挥更大作用的空间所在。

区块链落地应用，目前已经到了必须尽快引入中观视角的时候了。从事宏观研究的，需要研究内容进一步聚焦，落实到产业具体需求上，落实到具体技术实现可能性上；从事技术研发的，也需要从具体的技术细节中抽离一点，研究新的技术架构，并赋予不同产业改造以新的技术实现方式和可能。只有这样，区块链才能将去中心化、去信任、价值传递等一系列社会理想变为现实；也只有这样，区块链也才有可能从具体的密码学、对等网等技术，成为变革未来的巨大推动力量。

三

区块链系统都有哪些应用

区块链自诞生以来，以其去中心化、去第三方信任、系统集体维护、数据不可篡改不可伪造，数据可溯源等特点，获得了全世界几乎所有国家、企业和机构的关注，区块链在很多领域的应用也逐步展开。

除了我们熟知的金融领域，区块链还在以下行业和领域发挥了重要作用。

（一）区块链在两个具体业务场景的应用

1. 区块链在设备管理场景的应用

设备管理是物业系统相对核心的业务内容。传统情况下，小区的设备出现故障后，设备使用人会将故障信息通过相应渠道反馈到设备管理中心。设备管理中心再派单给设备维修人员，指派人员进行维修。在设备维修人员完成维修任务后，再将维修结果反馈到设备管理中心。

这一套流程不仅慢和烦琐，而且容易造成推诿扯皮现象发生。比如，设备管理中心是否及时派人维修了？如果维修后设备还有问题，到底是维修人员没有到现场维修，还是修过之后又出现了故障？

有了区块链技术之后，就可以通过区块链技术，配合其他技术手段，高效地解决设备故障维修问题。

通过在设备周边安装相应的传感设备，实时感知设备运行状态，并将设备运行状态按设备特点写到相应的区块链中。如果设备运行状态有问题，设备管理中心、设备维修人员和设备使用人员都可以第一时间发现。然后，设备维修人员就应该按照职责分工，直接去维修，而不再需要等设备管理中心派单。设备维修完好后，也不需要设备维修人员再填相应的报单回报给设备管理中心，所有状态在区块链系统上一目了然。在区块链系统环境下，甚至设备管理中心都可以被取消掉。

如果不采用分布式的区块链系统，而是采用中心化系统，尽管看起来也可以实现以上功能，但却无法保证中心化服务器自身的安全性和可靠性。如果是特殊设备或其他原因，也无法阻止设备管理中心人员或黑客对设备状态数据进行修改。

在以上的案例中，可以通过传感器对数据进行实时采集，并在区块链系统上实现数据全网一致性分发，优化了业务流程，提高了系统的效率。区块链系统上的数据不可篡改不可伪造，也保证了设备管理的安全。

2. 区块链在遗嘱公证中的应用

现实生活中很多事情只有在公证处进行公证后，才能获得相应的法律效力。比如遗嘱。如果遗嘱没有经过公证，那么在委托人去世以后，经常会引发财产分割纠纷。如果遗嘱在公证处进行公证，会涉及公证处公证人员在委托人生前能否保守遗嘱秘密，尤其是当遗嘱涉及财产特别重大时，会涉及委托人家属是否对公证处信任的问题。

利用区块链如何来解决遗嘱公证问题呢？

委托人将遗嘱形成数字化信息以后，可以对其进行加密处理，并由相关权益人分别对其进行数字签名，签名连同签名的内容信息写到区块链系统上。这里的数字签名，就代表了遗嘱相关权益人对这份遗嘱的真实性和法律有效性进行了认可。如果这份遗嘱除了委托人，还与N个人利益相关，那么，就可以设计一个（N，N+1）的门陷签名方案。这个方案会把加过密的遗嘱按算法分成 N + 1 份，每人持有 1 份，只有 N 个人全部同意的时候，才能够把这个遗嘱秘密解开。由于遗嘱牵涉到所有相关权益人的利益，因此委托人在世的时候，这 N 个相关权益人不可能为了提前获得遗嘱内容而事先配合解开这个秘密，只有当委托人去世之后，这 N 个人才会共同协作获得遗嘱内容。

这份遗嘱事先获得了相关权益人的数字签名，因此具有与公证处相同的法律效力。同时这些相关权益人事先对遗嘱内容也不知情，很好地维护了委托人生前的生活状态。

这个案例，利用区块链技术数据不可篡改不可伪造的特性，同时又结合了先进的密码学知识，实现了数据（遗嘱）的秘密存储状态，而且在有外部事件触发（委托人去世）时，能够实现相应的智能合约功能（相关权益人共同协作获取遗嘱内容），实现了系统业务流程的去中心化（公证处），最大程度保护了相关人员的权益，也能够获得所有权益人的信任。

（二）区块链在几个行业领域的应用

1. 区块链在政务领域的应用

政务工作是社会运转的中枢系统。传统的政务系统基于单向的信息流向，速度慢、效率低，信息不对称严重，还容易滋生各种腐败问题。建立在互联网和大数据基础上的政务系统，在很大程度上提升了政务工作的效率和透明度。但各种信息孤岛的存在，使得政府部门在占有比原来更多信息的同时，获取完整信息的难度并没有降低。而基于区块链的政务系统，能够打破数据垄断和各种信息孤岛，极大提升政务系统的运行效率，为全体人民提供更好的政务服务。

比如在精准扶贫方面。扶贫过程中最大的问题是扶贫资金难以做到全程监管，精准性不足，且难追溯。而利用区块链技术，将资金审批每一个步骤上链，实现有迹可循，每一个环节责任到人；同时在扶贫工作的关键环节，比如资金划拨、审批、发放等环节采取多方共识、共同验证，将全流程纳入到监管中，保证整个过程透明，能够有效消除腐败滋生的土壤。

此外，在贫困户的识别上，还可以通过大数据技术，由原来的人为识别，改为数据识别。在此基础上，引入区块链的智能合约，一旦被数据判定为贫困户，由智能合约触发审批、资金发放等行为，既减轻了政府工作人员工作量，也让扶贫工作更加精准有效。

2. 区块链在医疗领域的应用

区块链在医疗领域的很多场景都有应用。比如，利用区块链技术，可以解决困扰医疗领域多年的病人隐私性问题和医疗数据安全性问题。

随着技术的进步和个人隐私意识的提高，病人的医疗记录和隐私信息越来越需要得到保护，尤其是涉及特殊敏感的治疗记录，如艾滋病、乙型肝炎、癌症，亦或是整容、心理疾病等。同时，健康人群的身体数据也是现代社会的重要隐私情报，特别是像指纹或虹膜这种“身体密码”，如果这些涉及唯一性的资料发生大规模泄露，将会引发重大灾难。

区块链技术为医疗行业提供了一个可行的“数据隐私”解决方案。一是将相应的医疗数据放在区块链系统上。因为区块链上的数据无法被篡改，一旦发生医疗纠纷或其他需要权威数据时，可以调取相应数据查验。二是区块链上的数据具有高冗余度，这就保证了医疗数据不可能被遗失，具有极高的稳定性和可靠性。三是在区块链上建立多私钥的权限制度，通过智能合约对单项信息数据分配多个私钥，并根据业务需求设立相应的规则，在每次访问数据时，必须获得相应人员的授权才能进行，这就可以保证链上数据的安全和隐私。

采用区块链技术，还可以打破原来各个医院间的医疗健康数据共享难问题。病人在一个医疗机构的医疗数据，在取得授权许可的情况下，可以对其他医疗机构开放，减少了重复检查，节省了检查费用，提高了就诊效率。这也有利于将病人全部的医疗数据进行整合，进而基于大数据系统，实现病人的全谱系医疗画像。

此外，区块链技术在医疗领域，还可以在医疗支付与理赔、药品溯源与防伪、医生身份全球认证、病人健康管理等环节发挥作用。在监床试验环节，还可以基于临床试验任务建立起不同医院的联盟，通过任务分工、数据共享，提高临床试验的效率和精准程度。同时，基于区块链系统实现的精准数据共享，还会对新药研制、保险支付都有巨大的效率提升作用。

3. 区块链在版权领域的应用

相对于知识产权产品，文创产品的侵权门槛更低，侵权成本也低，但侵权认定难，维权成本高，导致版权流转量小，创作者和相关机构的权益得不到有效保护。对文创行业，版权的流转买卖往往还涉及时间要素、授权要素，还有部分授权后的第二次、第三次再创作的分享要素。区块链能够为确认版权主体身份，锁定侵权证据，低成本、高效率地满足版权保护需求提供技术支持。

区块链系统先将版权作品上链，根据作品特性提炼对应的版权作品特征值，再对接到国家版权保护中心，在线进行版权登记，同时在线进行公证，这从法律上确认了版权拥有者的权益。通过网络爬虫等大数据软件，一旦发现版权作品被侵权，立即进行证据采集，并把相应的证据写入到区块链上进行证据锁定和保全，之后提交给国家版权保护中心进行查处。

区块链系统由于具有数据防篡改防伪造、数据可溯源、永久存证等特点，因此，除了将版权作品上链，还可以将版权作品的所有者、授权方等各环节信息都上链记录，这样就可以准确知道谁是版权使用者，谁不是版权使用者，这对版权登记、发行、流转、交易都是有效的办法，也适合于具有多重性、复杂性的版权所有权跟踪。

区块链在版权维权过程中的主要作用是证据锁定。除了证据锁定，还需要证据的检测和证据的判定，这就需要依靠作品特征值抽取和模式匹配等技术的配合和支持。

4. 区块链在电力行业的应用

当前电力行业正处在快速变革期。可再生能源的出现，分布式能源的进展，能源储存方式和利用方式的变化，能源数字化进程的加快，都对能源管理方式提出了新的要求。区块链技术为满足电力行业这些新要求提供了新的技术手段。

区块链系统点对点交易特点，允许更多的电力生产者便捷地出售电力，这将使全球电力供给更加多元化，电网供需具有更大的弹性。

区块链技术还可以在更大范围内实现更高的交易撮合效率以及能源结算清算效率，最大程度解决交易公平问题。通过智能合约实现电力的批发交易，可以最大限度减少对中介机构的依赖，实时平衡供需和更高效的电力分配。

区块链交易记录不可篡改，可追溯的特性，还可以为能源监管部门提供强有力的监管手段，提高整个市场的监管水平。此外，还可以利用区块链技术提升业务效率，提升服务水平，比如直接利用共享的能源计量数据决定绿证发放、能源补贴等工作，减少审核环节。

5. 区块链在物流行业的应用

物流行业具有分散性、行业透明度低等特点。通过将物流信息上链，提高行业透明度，加强行业资源整合，不但可以节省时间和成本、降低风险和欺诈、优化资源利用率、压缩中间环节、提升行业整体效率，而且因为物流行业在供应链管理、供应链金融中又是重要的关节点，还可以在更大范围内实现更多产业的关联和聚集。

区块链系统将货主、司机、物流行为等关键信息上链，不但可以做到货物流通信息全程可追踪，还可以及时发现异常并跟进处理，实现对问题的追踪定位和问责，而且还可以极大压缩物流商品造假的空间。通过区块链与大数据的结合，还可以提高司机与商品物流的匹配度，进一步提高物流行业的效率。

基于区块链的隐私保护技术，可以将企业物流信息加密存储，只对授权用户开放，可以打消企业对数据安全和隐私的担心。

此外，区块链上存储的物流信息具有真实和不可篡改特性，这些数据对于保险机构科学评估司机、机构以及企业的保险投保水平是重要依据，同时也杜绝了骗保行为。相同数据同样可以作为金融机构综合信用贷款额度评估依据。这些行为使区块链链上数据的真实性获得了更大的价值和收益。

6. 区块链在保险行业的应用

信用是保险行业的基础。而传统的“社会信任”模式由于造假成本低、数据存证性差、数据难以追溯等问题，已经难以适应社会和经济发展的需要。

区块链技术的采用，有助于提升保险业务的安全性。区块链技术通过加密算法能够实现对客户信息的保护，链上数据本身能够防止被篡改，并且还能保证数据的全网一致性。

同时，采用区块链技术还有助于缓解保险行业信息不对称。客户与保险公司之间信任不足一直是制约保险行业发展的重要问题，保险公司在保险产品销售过程中存在销售误导、保险条款不透明以及事故发生后赔偿难等问题；客户方面也存在利用信息不对称而骗保的现象。区块链技术将数字化合同、客户信息以及与保险内容相关的信息上链，既降低了信息不对称性，也起到了存证的作用。

此外，区块链中的智能合约还有助于提升保险行业的效率。智能合约可以支持自动化索赔，当发生索赔问题时，通过区块链的预言机功能，确认事件确实发生且符合理赔条件，可以直接执行特定的理赔条款，而不再需要人为操作。

（三）未来区块链系统还会有哪些应用

以上几个案例，分别从不同角度和层面，应用了区块链的一些特征。如果从宽泛的角度，凡是需要确保数据不可被篡改不可被伪造、凡是要求数据可追溯、凡是要解决系统可靠性、凡是要解决陌生人之间交易的场景，都可以考虑使用区块链系统，或使用区块链系统中的一部分功能。

从更深层次来讲，凡是通过降低信息不对称性，促进数据共享、优化业务流程、降低运营成本、提升协同效率、建设可信体系，都应该考虑使用区块链系统。

区块链系统为人类社会生活提供了不同于传统中心化组织和中心化治理的另外一套架构。如何让这套信息技术架构更好地为人类社会生活服务，不仅仅取决于技术的进步，更取决于我们对业务的理解和想象力！

三

区块链的金融安全新思维

（一）金融安全问题

传统的安全是单纯防护的概念，极其被动。可信计算是强身健体增强免疫力主动防护的概念。区块链提出了群防联动的安全新思维，尽管还不成熟，但不失为一条值得探索的路子。

安全领域一直存在的一个重大问题，就是安全事务与具体业务相隔离。安全是安全，具体业务是具体业务，两不相扰。如果能深入具体业务做安全谈安全设计安全，那么安全的强度将会得到极大提升。如果用区块链来解决金融安全，确实有它的可能性，而且这种可能性的方式，也确实是与区块链对现实生活的影响是一致的，是“颠覆性”的。

那么，金融安全问题的根源在哪里？

网上有许多案例。“史上最秀黑客：抢银行，ATM 狂吐 10 亿，全换成比特币”“损失惨重，全球又一家银行被黑客‘攻陷’”“一帮普通黑客用了这几招偷了银行 2 亿 6 千万”“劫持银行网站 5 个小时，黑客如何做到的？”“东京证券交易所股票交易系统发生故障部分股票无法交易”“因技术故障芝加哥商业交易所暂停交易”“上海期货交易所交易系统故障”“郑商所交易系统故障‘停摆’约 90 分钟原因或存疑”“火币网凌晨出现交易系统瘫痪，持续超过三个小时”。其中，东京证券交易所、芝加哥商业交易所、上海期货交易所以及郑商所都是传统交易所，而火币则是新兴起的加密资产交易所。

安全事故可大体将其分为两类，一类是数据安全，也就涉及金融系统的资产安全；一类是网络安全，涉及网络系统的关键设施是否出现故障。

对数据安全问题，传统的解决办法包括事前预防、事中监测和事后审计。事前预防主要是通过加装防火墙、入侵检测软件和防病毒软件，俗称“老三样”。事中监测主要是对系统中的不同主体和行为进行时时监测，看是否有异常行为发生。目前有些系统已经开始采用可信计算的策略。事后审计主要是审查系统日志，看有无异常行为。

这个解决方案的指导思想是对中心节点进行全方位防护，主要基于技术手段，缺少治理的理念，其结果是系统越来越复杂。另外，这套体系主要是用于防止外来干扰和破坏，对内部很多干扰破坏无能为力。

中心化系统中的数据安全之所以成为各方关注重点，一是中心化使得目标相对集中，二是所有金融资产都存放在中心化系统中，存在巨大的利益诱惑。

网络安全的传统解决方案，主要是通过部署灾难备份系统。我们国家的银行和交易所，一般采用两地三备份，即同城有一个备份，另外一个城市安装一个备份系统。此外，针对 DDOS 攻击，还会有负载均衡和访问控制系统，以拒绝不必要的访问，平衡系统负担。

在这个系统中，已经开始有了多中心的理念，但这种治理是基于概率的，即两个以上系统同时出现问题的概率极低。这个解决方案存在的问题，一个是成本高，另一个仍然是部分解决，而不可能做到全部解决。

中心化的金融系统之所以出现网络安全问题，一是随着访问量增加，中心节点必然成为整个系统的瓶颈，二是金融系统的中心节点对外有着巨大的利益诱惑，必然成为黑客攻击的目标。

（二）金融安全新思维

那么，区块链给金融安全带来了什么样的新思维。

比特币系统已经正常运行十余年。这个系统没有安装防火墙，没有部署入侵检测软件，没有防病毒软件，也没有负载均衡和访问控制策略。这个系统根据区块链系统的最基本原理，实现了去中心化、去第三方信任、数据实行全网一致性冗余存储，所有算法，包括源代码公开。

这个系统除2010年8月发生过利用整数溢出漏洞凭空造出1840亿个比特币的安全事件外，尚未发生过其他安全问题，而且这个安全问题的发现和解决也是在分布式网络被非中心化的人员及时发现并且得到了及时修补。这个漏洞属于传统的编程和编译系统的安全问题，而不是系统的安全问题。

再强调一下，区块链的比特币系统没有发生过安全问题。至于脱离区块链系统的比特币交易系统和钱包，经常发生安全性问题，但那些系统都是中心化系统，不是区块链系统。

从区块链系统的技术内涵来看，区块链是包含了非对称密码、哈希函数、P2P对等网和安全多方计算等多种技术的有机组合。技术的组合还是技术，但被赋予了新的功能。

从区块链分类上，我们认为金融系统的区块链应用，更多应该是在联盟链，即实现不同金融机构金融组织之间以及不同的金融机构金融组织和其他机构和组织间的工作流程改造。此外就是私有链，即金融机构通过区块链这种组织方式，实现对于自己的用户或其内部工作流程的改造。

依据区块链的系统架构和特性，区块链对于金融系统的安全，从技术层面，一方面是要实现金融系统由中心化系统向非中心化改造，另一方面是在涉及资产转移和变动方面，实行多方认证，才能确保资产安全。

在治理层面，实际上就是要通过区块链的组织治理和流程再造，规避掉传统中心化方式下的数据安全和网络安全问题，使传统中心化方式下盗取和攻击中心节点的方式不再发生作用。

（三）CCDEX在金融安全方面的探索

目前大部分加密资产交易所沿袭了传统的交易所模式，用户把自己的资产先转到交易所账户上，由交易所进行集中化的交易撮合和清算。传统交易所一般都有几百年至少几十年的发展历史，自身有很强的信誉，同时又接受各自国家政府监管，相当于背后还有国家信用在作背书，即使出现资产安全问题，也有国家履行赔偿责任。但加密资产交易所建立时间短，自身资产和信用都不足，加密资产交易在很多国家也是不被接受的，因此也不可能得到国家信用背书。这些交易所同时技术实力不足，经常出现系统被黑客攻击、资产被盗、系统宕机等问题，最严重的，还有交易所监守自盗现象。这些交易所存在极为突出的安全问题，其根源在于用户资金集中托管在交易所，交易所又实行中心化管理。影响比较大的安全事件包括Bitfinex、coincheck、BitGrail 等交易所被盗、Mt. Gox 被盗、比特币亚洲闪电交易中心和莱特中国卷款跑路。

为避免这类问题发生，去中心化交易所应运而生。在去中心化交易所，用户资产由用户通过个人私钥进行保管，用户对资产有绝对控制权。所有交易在区块链上进行，过程透明、公开且不可篡改。系统通过智能合约实现了基于代码信任的交易撮合和结算，杜绝了人为干预，解决了中心化交易所因人为因素产生的多种资产安全的风险，杜绝了监守自盗的可能性。

目前大部分去中心化交易所交易速度慢、用户体验差，由于技术原因导致交易资产类别单一，不能构建便于统一的价格统一市场。但跨链去中心化交易所 CCDEX 的产生有利于解决这些问题。CCDEX 所有行为代码化，杜绝人为干预，在交易规则设计上，对所有用户、所有订单一视同仁，从制度上和技术上确保所有用户交易公平。

此外，CCDEX 匹配区块链周期性出块特点，按出块周期采取集合竞价为唯一交易撮合方式。按区块链出块周期实施非连续性交易，有利于交易信息在分布式网络系统中的扩散，既杜绝了部分客户将信息获取优势转化为抢先交易和套利的可能，也杜绝了部分客户通过高频交易、量化交易对市场价格进行操控的可能。

CCDEX 采取多节点交易撮合，按成交总量最大化原则确定胜出撮合节点，将其撮合结果作为当前出块周期最终撮合结果，写入区块。所有挂单均以广播方式广播到所有撮合节点，供撮合节点进行撮合。撮合节点同样以成交总量最大化为首要原则进行撮合。成交总量最大化原则避免了交易行为中单笔订单价格对成交价格的影响，有利于价格的平滑波动，杜绝了个别客户对市场价格的操控。交易撮合公平、无抢单，价格反映整体市场共识。

区块链发展至今，有技术上的优势，也有先天不足。对于我们来说，如何规避其劣势，发挥其优势，让区块链更好地为我们服务，是我们要面对的问题。

从蒸汽机发明，到火车出现，经历了很长时间。火车跑得快，但自身重，需要在专门的轨道才能跑起来。这既是火车的优势，也是火车的劣势。因此，人们匹配了火车技术上的特点和规律，为火车铺设了铁轨，于是火车开始成为人类主要的交通工具。在这个基础上，我们现在又发明了高铁，在速度、舒适度上又有了极大地提高。

区块链也同样如此。要认清区块链的技术本质，从区块链的技术内涵出发，为区块链匹配合适的应用。对于金融安全，就需要调整金融业务运行的逻辑，匹配区块链的技术架构。但金融也有其内在规律和逻辑，因此，我们也需要从金融的内在规律和逻辑出发，对技术进行必要的重新架构，以匹配金融新的业务流程。只有这样，才能发挥区块链和金融两种技术的优势，从而拓展区块链架构下金融安全新的蓝海。

四

数字经济与区块链的未来

现在一提到数字经济，更多是从技术层面，也就是物联网、大数据、人工智能、云计算、5G 以及区块链的角度，来解读和分析技术给经济带来的发展。实际上我们解读的，更多是已经被数字化的部分，是数字化的经济的发展和深化。

（一）数字经济的前提是经济的数字化

数字经济的前提是经济的数字化。从大的方面来讲，经济数字化一方面是经济内容的数字化；另一方面是数字基础设施的建设。

消费互联网方面。消费互联网又可称为前端互联网，与“衣食住行”有关，受到消费需求直接驱动，其主要场景包括生活、工作、学习、娱乐等内容。目前消费互联网领域已经基本实现数字化。

产业（工业）互联网方面。产业（工业）互联网又可称为后端互联网，工业互联网与产业互联网的区别在于前者偏向于技术视角，后者偏向于应用视角。产业（工业）互联网为消费者提供间接服务，受生产率驱动，其主要场景包括智能互联、信息整合、数据决策以及人机协作等内容。目前的产业（工业）互联网正在向数字化转型过程中。

广义社会制度的数字化。除了上面提到的消费领域和产业领域经济的数字化，还有一个极其重要的内容，即广义的社会制度的数字化。这是迄今为止极少被提到的。经济发展一定是嵌入在特定的政治制度和文化环境之中，经济的数字化必然要求相应的政治制度和文化环境的数字化，包括相应的制度安排、法律安排、文化创新、风俗习惯等内容。目前广义社会制度基本处于尚未数字化阶段。

数字基础设施建设方面。经济数字化离不开数字基础设施建设。数字基础设施主要包括了IT技术及其网络化工程，目的在于形成万物互联、人机交互、天地一体的网络空间。目前互联网已在全球大部分地区普及；物联网正在进行过程之中，其网络形态和架构尚未最终确立；同时，新的网络架构、网络技术在快速迭代演化，这里面包括了大数据、AI、边缘计算、5G、区块链等。

此外还有一个极容易被忽视的内容，就是以上这些数字化元素之间的关系，同样需要被数字化。这些数字化元素之间的关系可能包括了相互之间的连接、促进、局限、制约以及其他可能的关系。如果没有以上这些元素关系的数字化，所谓的数字化也就仅仅是建设了一个又一个数据孤岛，并没有生成为有机的整体。

（二）区块链是校正经济数字化进程的关键性底层技术架构

技术是实现经济数字化的手段。不同的技术在经济数字化过程中扮演着不同的角色。

云计算、边缘计算、IPFS按需提供数据存储功能。大数据作为数字经济的关键生产要素，成为资源配置更加充分市场化的必要条件，是数字经济进一步发展的必然要求，同时也使数据存储面临挑战。区块链的出现使得数据的存储问题更加凸显。云计算、边缘计算以及IPFS提供了数字经济时代的数据存储方式。

传感器负责获取海量数据。物联网将各种感知设备、终端快速接入网络并汇聚在一起，使硬件数量得以指数级提升。PC时代硬件设备以亿级为单位，智能手机、平板电脑时代以十亿级为单位，物联网硬件时代以百亿级为单位。海量非结构化数据更是呈现指数型增长，数据形态也更加丰富。据估计，2020 年将有 500 亿个联网传感装置，每天将产生 250 万 TB 的数据，是目前互联网每天产生数据的 2. 38 倍。

人工智能负责提高生产效率，解放生产力。数字资源的积累、计算能力的提升、网络设施的完善，使得深度学习和人工智能开始渗透到每一个行业，并在具体场景下取得突破性的效率提升，极大地解放生产力。

区块链构建分布式协同的数字基础架构。区块链是一种全新的分布式基础架构与计算范式，这种分布式网络架构具有去中心化、去第三方信任、系统集体维护、信息不可篡改、数据可溯源等一系列特征。这些特征，成为数字经济环境下大范围分布式协同的数字基础架构。

以上这些技术使得经济数字化进程飞速发展，但目前经济数字化进程中数据垄断问题非常严重，已经实现的经济数字化是数据垄断者的数字化而不是数据所有者的数字化。从浅层次来看，数据垄断带来了信息孤岛问题，但从深层次来看，数据垄断还会制约经济数字化作用的发挥。不同于其他技术，区块链的出现，使得破解数据垄断问题有了可能，区块链可以看作是调准校正经济数字化进程的关键性底层技术架构。

（三）区块链在消耗大量资源的同时将带来巨大的制度冲击

区块链对整个社会的作用在于通过由区块链底层技术构造的去中心化信息系统，将重构整个社会的组织架构和业务流程。对于数字经济，区块链是未来实现经济全面数字化的底层架构和业务逻辑框架。通过相关数据的全网一致性分发和冗余存储，使所有节点拥有相同的数据，因此就使这些节点拥有了更大的自主性和更强大的能力，推动系统进行业务流程改造，通过去中心去中介，重构业务流程，提升系统效率，重新分配利益，创造更大价值。

但任何事情都具有两面性。世界上从来不存在只有有利因素，而没有不利因素的事情。区块链在经济数字化过程中同样存在不可忽视的问题。

第一，区块链系统消耗了大量的计算、存储和带宽资源。因此必须结合特定的业务场景和业务逻辑，对区块链的底层技术架构进行改造。是不是我们一定要实现数据的全网一致性分发？只要做到数据相关节点分发是否可以？

第二，建立在区块链系统之上的数据共享是一个漫长的过程。也就是说，区块链所期望的所有节点在数据面前完全平等，在业务逻辑上实现高度自组织的道路将会极其漫长。原来占有数据的中心节点不会主动开放数据，不同节点对数据的理解也会存在差别，因此去中心去中介也不是一朝一夕的事情。系统由他组织向自组织的过渡，更是一个长期博弈和妥协的过程。

此外，区块链去中心化系统流程改造将对现有的法律和制度带来巨大冲击，二者的突破和妥协是更大问题。

经济数字化是数字经济的前提。但经济数字化之后，是否数字经济就自然而然出现了呢？

数字经济不仅仅是数字化的经济，还包括与之相匹配的组织结构、业务流程、制度体制的重构。从区块链系统发挥作用，也就是链改的过程。链改本质上是对业务结构和利益结构进行的重构。

链改是一场改革，是一场革命，有其自身的逻辑，只有遵照“顶层设计、经济激励、技术适用、产业赋能”的思路进行链改，才有可能将链改进行到底。

（四）CCDEX 推动数字经济迈向价值生态

目前提到的数字经济，更多还是围绕已经数字化的内容进行价值挖掘和价值升华。但我们面对的一大问题是，已经数字化的经济如何进行安全、可靠、可信、开放、公平的价值交换？目前来看，传统的交易所离数字经济尚有相当远的距离，区块链领域的中心化交易所是一个选择，但中心化交易所的安全问题频发、监守自盗等恶性事件在侵蚀中心化交易所，本就极其稀缺的信用，所以，很难成为未来数字经济时代的最佳选择。

目前已经有一部分去中心化交易所，但限于技术水平和能力，这些去中心化交易所普遍存在交易体验差、价值生态单一等问题。

CCDEX 是全球首个跨链去中心化交易所生态，致力于提升现有交易系统的安全性、流动性、公平性和开放性等性能，实现数字加密资产全球自由流动。

目前 CCDEX 的系统已经在测试，内测的交易撮合速度超过 10 万笔每秒，清算速度超过 6000 笔每秒。底层基于（K，N）门陷的安全多方计算密钥动态生成算法，保证了私钥全过程不完整呈现。通过对非对称密码协议的解析，在前 10 种区块链主流非对称密码算法中已经实现了 8 种主流密码算法的跨链，实现千余种主流加密资产的跨链交易。Facebook 计划发行的 Libra，也在 CCDEX 的跨链支持之列。CCDEX 致力于推动未来的数字经济时代向价值生态时代迈进！

五

区块链解决流量造假的不可能与可能

（一）流量造假成为行业最大痛点

“流量”多指在网络平台中的访问数据，是信息触达程度的一种相关度量指标，与最终的信息触达程度具有一定相关性。流量的常用指标包括访客数（uv）、浏览量（pv）、访问次数（visits）等，流量质量的优劣指标包括平均访问深度（浏览量/访问次数）、平均停留时间（总停留时间/总浏览量）、跳失率（跳出次数/访问次数）等。从分类上，可以分为直接流量、搜索流量和推荐流量。直接流量包含通过浏览器地址栏、浏览器收藏夹、丢失来源信息产生的流量。搜索流量指访问者通过点击搜索结果访问网站产生的流量。推荐流量指访问者通过点击其他网站的链接访问网站产生的流量。

随着互联网技术和应用的发展，流量越来越具有以下特征。

（1）垂直化＋精准化。品牌商投放广告，已经从传统媒体彻底转型到意见领袖、网红，流量渠道开始进入细分领域，流量的指向也越发精准。

（2）渠道化。传统电商的流量主要来自淘宝、天猫、京东，社交媒体流量来自微博、微信，能否更好的控制流量渠道资源成为互联网公司运营成功的关键，各个渠道的流量投入产出比也是衡量渠道好坏的标准。

（3）移动化＋碎片化。移动互联网飞速发展，人们的阅读也逐渐开始向移动化方向发展，时间也越来越呈现碎片化特征，因此流量的分发也需要改变原有的策略，需要搞清楚在移动化 + 碎片化时代所属行业的用户是谁，用户获取信息的行为有哪些特点特征，渠道的流量走向如何改变，也就是要明白这个行业的流量在哪里，哪些流量最优质，整个大盘的流量有多少等。

传统媒体的收视率、收听率和发行量是流量的另一种说法，但互联网和移动互联网时代，流量具有与传统广播时代完全不同的鲜明特征。其一是受众的可测量性有了极大提升。传统媒体的受众规模是通过一定的计量方法估算出来的，如电视收视率是通过某一区域样本户的收看率推及的，报纸虽然可以准确知晓发行量，但是每篇报道的阅读量是无法准确得出的，而流量时代的每一条信息都可以得到相对准确得多的点击数据。其二是受众的互动性有了本质性的增强，改变了原有信息的单向流动，实现了信息双向流动从无到有的变化。当年个人拍摄并寄给电视台播出的录像与今天实时上传的“抖音”“快手”“B 站”等平台相比，其互动的广度和深度就具有了天壤之别。

但在互联网和移动互联网时代，“流量为王”的浮躁风气为流量造假等违法违规行为的滋生提供了土壤，流量欺诈问题猖獗，并且已经成为行业潜规则。流量欺诈行为的出现导致无效流量的产生，无效流量则是使用第三方黑客/或机器人进行流量造假。其作弊行为，无论是招揽“刷手”人工刷流量，还是寻找机器或软件刷流量，都是一种“流量作弊”行为。多样且恶劣的广告流量作弊行为，正极大侵害相关方利益，破坏整个行业生态的健康发展。

典型的刷量场景，已经覆盖了所有互联网行业，包括刷视频播放量、刷流量分成、刷微信、刷注册、刷广告展示量和点击量、刷搜索引擎关键词排名、刷电商店铺人气和商品浏览量、刷网站访问量、刷阅读量、刷下载 APP、模仿正常用户玩游戏等。流量欺诈成为一个新兴产业，已经发展得相当成熟，刷量行为可以高度模拟真实用户的操作，视频网站、直播平台、广告联盟、搜索引擎、电商等甲方无法有效应对。

同时，随着技术的发展和数据价值的持续增长，欺诈者的技术手段也不断进化。早期靠机器人在固定的 IP、Device ID 等上面不断刷量的粗暴型作弊已越来越少，更多欺诈者开始使用恶意 SDK 预留后门、篡改渠道号等方法手段，进而诱导 CPA 归因错误等更高级的作弊手法出现。

据世界广告主联合会（World Federation of Advertisers）预计，未来 10 年内，流量欺诈将会成为犯罪组织的第二大市场，仅次于毒品贩卖。虚假广告流量，将加大广告主的预算负担。据《2018－2019 网络广告流量欺诈报告》显示，2019 年全球机器人流量欺诈造成的经济损失总额预计将达到 58 亿美元。腾讯安全反诈骗实验室的监测数据显示，2019 年中国第一季度的广告作弊流量平均占比为 26% 左右，较 2018 年几乎增长了近一倍。2019 年 2 月，甲骨文揭露“DrainerBot”广告欺诈行动，会在用户不知情的状况下播放影音广告，数百个 Android 应用受到影响。这些程序下载量已超 1000 万次，事实上机器人销售的这些广告并没有人看到，浪费了广告主大量的营销预算。

除了广告流量造假，还有明星流量造假。明天买“热搜”、买“粉丝”等流量造假行为已是业内公开的秘密，成为打造人气“爱豆”的“利器”。2018 年明星蔡徐坤一条微博“转发量过亿”便引发了社会对明星流量数据造假的关注。

此外，还有淘宝店铺刷单。网店为冲销量排名刷单，制造店铺虚假繁荣，给消费者造成一种误导和欺骗。2018 年，CCTV 焦点访谈就曝光了关于淘宝商家刷单的新闻。

再有，加密资产领域的中心化交易所流量造假也成为了这个新兴行业的毒瘤。据加密货币资产管理机构 Bitwise 调查显示，CoinMarketCap 统计的比特币总交易量为 110 亿美金，而实际的真实交易量可能只有 5.54 亿美金。加密资产交易所数据流量失真，制造了市场流动性较强的表象。

（二）区块链解决流量造假的不可能

由于区块链具有数据不可篡改、可追踪可溯源等特性，很多人就试图用区块链技术来解决流量造假问题。

以广告为例，对流量分发的性质进行简单分析。

流量分发的目的是通过信息的送达获取增量客户。但由于潜在中的增量客户无法精准定位，因此始终需要拓展信息已达边界，向边界外客户推送信息，完成边界外客户向边界内客户的转化。

流量分发行为的性质天然决定了被分发信息的全网一致性，但信息的属性决定了仅有一部分人会接收和阅读信息。对大部分客户是低价值信息甚至是无价值信息。流量分发方当然希望实现信息分发的去中心化和去中介化，靠技术机制实现信息的自动发送，但受限于渠道资源和交易成本以及信息的低价值属性，又必须需要通过中心化机制和中介机构来实现。

前面分析过，区块链系统具有弱（去/多）中心化、去第三方信任、集体维护、链上数据不可篡改不可伪造、可溯源等特性。但区块链的信息无/多中心分发可以实现信息在已有范围的全覆盖，但无法解决信息已达边界的拓展问题。即使不存在信息分发渠道问题，如果激励机制不足，将导致信息根本发送不出去。此外，在区块链系统中，要求实现信息的认证和记账，因此就必须计算流量分发信息的真实性认证成本以及相应的激励机制设计问题。再者，区块链系统的集体维护，对于流量分发是理想状态，但系统集体维护的费用如何计算，由谁支出，收益又如何分配？

从区块链系统特性与流量分发性质比较来看，区块链链上数据具有防篡改和防伪造功能，但流量分发的信息，从经济角度衡量，对于防篡改和防伪造的要求极低。

从区块链的本质来看，流量分发直接面向非特定 C 端用户，但业务链条短，虽然有中间环节，但这个中间环节难以去掉，业务流程也难以重塑。

如果通过区块链实现信息分发，对信息到达以及用户阅读情况进行认证，可以打造真实流量，

但会带来渠道单一化和窄化，既无法从根本上解决造假问题，经济成本又极高。

（1）流量分发的信息上链使信息还在已达边界内流转。

（2）将用户点击信息数据上链，将把大部分新客户拒之门外。

（3）信息或数据上链，不经济。

（4）去中介＋激励不足，将使信息分发功能完全无法实现。

（三）区块链解决流量造假的可能

在用区块链解决流量造假问题之前，还需要进一步加强对流量的认知。流量是什么？我们的观点是，流量是交易达成或目的实现的前提和手段，但流量本身不是目的。比如，做广告是为了交易达成，但要实现交易达成，其前提是商品或服务信息要触达终端消费者，即要有一定的流量，但有了流量并不一定就能促成交易达成，还需要实现流量的进一步转化和变现。

由此，流量是一种相关性的量化指标。电视节目、报纸广播、网站、专栏作家、明星等重在影响力，但影响力难以用定量化的指标进行测量，因此便借用了流量这一指标。流量作为观测指标，便于量化。

应对流量造假，有以下几个方面的维度考虑。

一是可以建立多层次多维度考核指标，减少对虚假流量的依赖，比如建立任务发包方与流量分发机构多次博弈模型，让相关数据上链，结合实际交易额，考核流量数据真实性及渗透率。

二是将虚假流量的作用域转移，增强虚假流量变现的可能性。20 世纪

90年代末全世界普遍认为中国GDP数据造假，但朱镕基总理在2002年4月12日“博鳌亚洲论坛”上答记者问时说，基于GDP数据收取的税收是真金白银装到政府口袋里的。前几年网约车出现时，网约车公司为了培育市场，给予乘车客户高额补贴，就有很多网约车司机伪造乘客虚拟乘车信息。对此，网约车公司也心知肚明，但通过这些或虚假或真实的交易，网约车公司获取了大量的真实路况数据，这些数据成为网约车公司后来做大做强的基础数据。

前面提到，流量分发所承载的信息不具有稀缺性，对完整性要求低，是低价值信息。但流量数据信息是稀缺性信息，对完整性有要求，是高价值信息。因此，就可以基于特定的应用场景，建立特定的区块链数据业务架构，将流量分发相关的多个业务主体囊括进来，建立合适的区块链数据业务架构，将流量数据信息和其他相关信息上链，基于可追溯原则和利益均衡原则，建立信息认证，开展信用评估，抑制流量分发机构流量数据造假的冲动。

同时建立多维度监测指标，建立从流量到影响力、成交量等全流程关键环节指标考核，建立数据关联模型，通过多层次、多时段的考核支付体系，从根本上重新配置资源投放，例如建立从信息被阅读，到交易达成，到长期交易关系建立，逐级提高造假成本。这实际上是类似区块链POW共识机制的做法。

此外，还可以创建基于Token的激励模型。目前的大部分流量分发，是一种信息“推”的方式。如果对于一些重量级产品或服务，可以借鉴消费商的激励方式，不以信息送达数量作为支付考核标准，而以交易达成作为支付考核标准，变信息的“推”方式为客户的“拉”方式。这将从根本上提高造假成本，杜绝流量造假现象发生。

（四）CCDEX解决流量造假的策略和努力

CCDEX是一个正在建设中的去中心化跨链加密资产交易所生态。

目前加密资产领域中心化交易所数据造假现状频发。据加密货币资产管理机构 Bitwise 调查，审查的 81 个交易所中，只有 10 家交易所没有参与虚假数据；交易所的 30 个交易所正在进行清洗交易，并且有一些货币对具有高达 75% 的伪造交易量。但交易所自己提到的比特币和以太币交易量的真实数据占比为 85% 至 95%。Bitwise 认为，市场上 95% 的报告交易量，每天成交 60 亿美元，是交易所伪造数据，欺骗市场与投资者。

区块链透明度研究所（BTI）报告表明，Binance 公布的数据中大约 10% 存在清洗交易，报告中清洗交易所的上币费用总计超过 150 BTC，CMC Top 25 家交易所中有 17 家超过 99% 虚假交易，其中许多超过 99.5%，包括前 50 名交易所中交易量排名中的 35 种货币。

CCDEX 从技术和业务两个方面解决交易所流量造假问题。从技术方面，CCDEX 采用多撮合节点相互竞争、统一胜出规则、底层区块链与胜出撮合节点相互制衡、其他节点监督的方式，杜绝了交易所自身造假的可能，也杜绝了其他撮合节点造假的可能。从业务方面，CCDEX 以“流量”（交易量）为基准扣除交易手续费，如果存在虚假交易或流量造假，这实际上也是实现了虚假流量的变现。

六

区块链对算力行业的改造

（一）当“算力地球”遇见区块链

BOINC 的底层区块链改造之旅一旦成型，可能会是 2019 年全球最大的区块链应用项目。除去规模效应，BOINC 的区块链项目改造如果成功，将对人类经济社会生活产生重大影响。

“信息的数字化进程催生了互联网革命，货币的数字化演进诞生了比特币浪潮，碳基文明向硅基文明的迈进，其本质是万物数字化的过程。人类文明在下一个百年最大的矛盾，是日益增长的数据处理需求与有限算力之间的矛盾。为解决这一矛盾，我们需要从无序的环境中抽取有序的算力来对抗整个世界的熵增。‘算力地球’正由此应运而生。”这段表述来自全球最大算力网络平台 BOINC 于 8 月 14 日发布的《算力地球白皮书》。为诸多尖端科研项目提供算力支撑的 BOINC，计划用区块链技术和全球商业发展策略对该平台进行升级。

“通过价值计算证明共识机制，算力将被用于支持科学研究，而在比特币的共识机制下，算力只能用于挖矿。”路透社此前在介绍“BOINC 算力地球计划”时指出，结合了区块链和通证经济的算力，将成为推动人类文明进程的革命力量。

1. BOINC 是什么

"Berkeley Open Infrastructure for Network Computing" 为 BOINC 的全称，即伯克利开放式网络计算平台。它是由加州大学伯克利分校计算机系于 2002 年开发上线的大型分布式计算系统，是当前全球最大的网络计算平台。

BOINC 最早是为支持科研项目 SETI@ home（搜寻外星文明发出的无线电信号）而开发的，后来逐渐应用于数学、医学、天文学、气象学等其他领域的顶尖科研项目。BOINC 旨在将全球各地大量个人电脑及智能设备的闲置算力，提供给运行计算密集型应用的研究者，优化计算资源配置效率的同时推动科学的进步。

BOINC 的志愿计算网络在发展至今的 17 年间形成了一个庞大且活跃的算力网络。截至 2019 年 3 月，BOINC 在全世界有超过 400 万注册用户，每天约 6 万台活跃的计算机以及约 30 PFLOPS（每秒所执行的浮点运算次数）的显卡实时运算能力，该算力相当于世界排名第五的超级计算机，BOINC 同时也是分布式计算领域最为人熟知的开源项目之一。

自 2002 年至今，BOINC 形成了以开发者为核心，以科研项目为节点，辐射全球各个地区及团队的多层次社区架构，其治理遵循集体共识。BOINC 的代码库在 GitHub 上开源，由 BOINC 创始人大卫·安德森与社区贡献者共同维护。BOINC 社区聚集了世界各地的 IT 行业从业者、开源系统贡献者与科研爱好者，在分布式计算领域拥有广泛的认可度及影响力。

目前，有接近 40 个横跨数学、医学、天文学、气象学等领域的世界顶尖科研项目部署在 BOINC 上。作为一个链接全球海量设备的"超级计算机"，BOINC 为人类尖端科学问题的突破做出了巨大贡献。

2. 如何进行区块链改造升级

图 4-1 是来自于 BOINC Planet CEO 杰森·李的演讲，BOINC 平台算

力的增长幅度，远小于全球个人设备数和全球数据量的增长幅度。

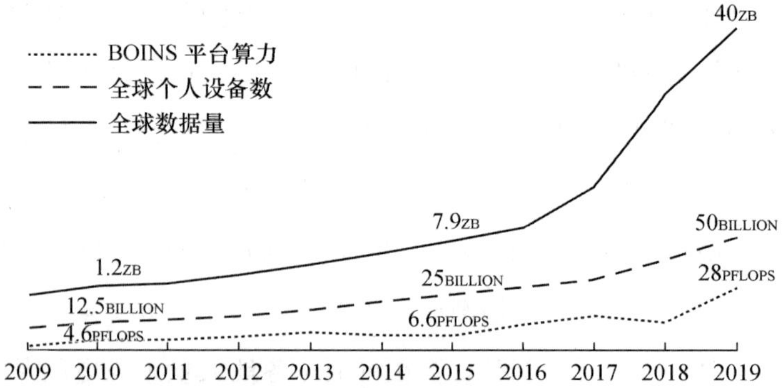

图 4－1　全球数据量、个人设备数和 BONIC 平台算力增长

资料来源：BOINC Planet CEO 杰森·李的演讲。

近年来，随着超算、云计算、边缘计算等技术的不断涌现，BOINC 也遇到了发展的瓶颈，应用场景有限、分布区域失衡、缺乏激励机制等问题已经开始阻碍 BOINC 的进一步发展和壮大。于是，BOINC 基金会与加州大学伯克利分校共同发起了“算力地球计划”。基于 BOINC 在过去 17 年的技术和生态积累，“算力地球”旨在将分布式计算的用户和网络规模扩展到新的水平，同时探索分布式算力的商业应用。

通过引入代币经济机制及区块链、无服务计算等新兴技术，“算力地球”正打造下一代分布式云计算的基础设施，优化计算资源分配。

BOINC 区块链升级的具体工作除了优化软件界面、构建客户端 P2P 网络外，还设计了“价值算力证明共识机制”PoVC，实现可信任计算，并建设基于 BOINC 的无服务计算解决方案。

“算力地球”的初期目标是将 BOINC 科研计算的算力提升至 100 Petaflops，约为现有算力规模的三倍。在 BOINC 全网算力超过 100 Petaflops 后，“算力地球”将利用超额算力提供商业计算服务。

3. 加持区块链前景向好

聚焦区块链领域的媒体“链得得”曾指出，BOINC 的底层区块链改造之旅一旦成型，可能会是2019年全球最大的区块链应用项目。除去规模效应，BOINC的区块链项目改造如果成功，将对人类经济社会生活产生重大影响。

第一，BOINC的区块链改造无疑将对BOINC的发展起到巨大的推动作用。

尽管BOINC从总的算力上而言已经是全球第一，但其算力全部来自广大参与者的志愿贡献，因此在可用算力的挖掘上，BOINC仍有巨大空间。尤其近些年，以个人PC、手机、物联网器件为代表的智能设备越来越多，其闲置的计算资源也越来越多。全球互联网地址从32位的IPv4过渡到128位的IPv6，也表明可供挖掘的计算资源储量颇丰。

第二，BOINC的区块链改造将有可能重新定义“算力”。

BOINC以COP代币的方式给算力提供者对应的经济回报，这将驱使更多参与者将个人闲置的计算资源投入到BOINC上的应用中。这些计算资源的总和将是一个极其惊人的数字，不但会突破人类生产生活中的计算资源瓶颈，甚至还有可能重新改写“算力”的内涵，拓展“算力”概念的外延，并将使完全基于志愿行为的计算能力聚合平台，转变为基于商业逻辑的算力聚合平台。这除了使BOINC获得更大的发展外，还将使社会上更多的闲置计算资源获得更加充分的利用。

第三，BOINC区块链改造工作的开展，将带动更多同类项目的出现。

目前，全球已经出现了一些同类项目，包括已经在BOINC上运行的Gridcoin项目。

4. 困难与挑战

BOINC加持区块链，尽管看起来很美好，但在实施过程中，也存在一系列难以克服的问题。

一是代币如何流转流通。

《算力地球白皮书》并没有区分算力需求方和算力提供方两类不同性质的用户，只指出用户可以通过以下两个环节得到COP代币：节点通过完成基于实际场景的计算任务（无论是志愿科学计算还是商业计算）来获得代币奖励；节点通过维护算力地球区块链共识（依靠RAC公平竞争生成合法区块）来获得记账奖励。

对于算力需求方，只有获得大量的代币才有可能使其项目运行，那么能否通过以上两种方式快速获得足够的代币？如果无法获得足够的代币，其项目也就无法在系统上运行。

对于算力提供方，获得代币以后，这些代币如何流通和价值兑换？如果没有流通和价值兑换渠道，那依旧还是原来意义上的积分，整个项目改造也就没有进行的必要了。

二是两种不同类型的项目如何在同一个平台上协调运行。

此前BOINC上运行的大部分项目是公益类科学计算项目，这些项目要解决的是关于全人类未来生存和发展的问题，且参与者的行为是自愿的，没有利益或物质上的回报。如果通过区块链改造，实施代币经济激励，给予参与者相应的利益回报，将会吸引更多商业项目在BOINC上运行。

商业项目与原来的公益项目基于不同的业务逻辑，在利益回报面前，商业项目对计算能力的占用，会挤占公益项目对计算能力的需求。

尽管此前在面对链得得关于“商业化版本是否影响原有社区用户”的疑问时，BOINC负责人解释：“BOINC商业化版本将继续为科研项目服务，甚至为更多潜在诺贝尔奖项目提供支持。”《算力地球白皮书》也提到：“科学计算与商业计算版块可以实现资源互补与网络规模的复合增长。”但在具体细节安排上，如何使商业计算项目和科学计算项目共处于同一个体系，是设计者还须进一步思考的问题。

三是公益类科学计算项目资金从哪里来。

BOINC 进行区块链改造，对提供算力资源的用户提供相应的代币，这对商业计算项目当然是一个好的机制。但对于原有的公益性科学计算项目，其代币背后对应的资金，又该如何筹集？

这些项目要解决的是全人类面临的共同问题，存在周期长、项目前景不确定、回报覆盖全人类等特点。众多参与者也是为了人类的共同发展，不求回报地贡献自己的算力资源。

BOINC 实施区块链改造，利用代币经济实施经济激励，公益性科学计算项目的代币激励如何实现价值兑现？公益性科学计算项目从哪里能够获得足够的资金，从而与商业计算项目同台竞争算力资源，是设计者和所有参与者将共同面临的一个选择上的问题。

四是代币价值计算如何做到更科学合理。

BOINC 项目使用的算力包括了志愿者的 CPU、内存、显示卡、GPU，也会占用一些硬盘空间。由于各项目的差异很大，所占用的内存和硬盘空间差别也很大。例如数学类项目对内存和硬盘的占用都比较少，而生命科学类的项目会占用较多内存与硬盘空间。此外，项目运行对志愿者的主机板、CPU、内存、硬盘、显示卡、电源、显示器、散热器以至网络，都会带来一定的耗损。

如何对这些资源耗损准确计价，给予相应的代币，是极为困难的。BOINC 此前采用的积分实际也面临这些问题，只是因为积分更多是一种荣誉，所以少有人计较。如果 BOINC 进行代币化商业改造，则须正视和解决这些问题。

此外，这些不同类型的资源在不同时期也会发生价格上的相对变化，这就给 BOINC 的代币价值设计添加了更大的难度。实际上，脸书计划发行的天秤币（Libra），选取一篮子货币作为价值锚定，也面临着同样的问题，即这一篮子货币构成占比以及篮子内货币价值兑换比率发生变化，都将对天秤币自身的价格稳定造成影响。

五是通缩型的代币模型不利于系统的长期健康发展。

“算力地球计划”采用了比特币等大部分区块链项目采用的通缩代币模型，即代币总量恒定，并严格按照数学公式确定的节奏发行，同时还有相应的代币销毁机制。这必然带来代币价格的不稳定，属于通缩型的代币模型。

当系统中流通的代币数量少于系统中运行项目所需要的代币数量时，必然造成代币价格上涨，持币人的理性选择就是持币观望，等待代币价格的进一步上涨，于是整个系统中可以流通的代币数量越来越少，进一步形成负反馈，造成整个系统无法正常运行。这对于系统的长期发展，不是好的选择。

（二）算力地球计划是对 BOINC 项目的区块链技术改造吗

此前有报道称，为诸多尖端科研项目提供算力支撑的全球最大算力网络平台 BOINC 计划用区块链技术和全球商业发展策略对该平台进行升级。路透社曾指出，结合了区块链和通证经济的算力，将成为推动人类文明进程的革命力量。

BOINC 项目发起人、UC 伯克利大学空间科学实验室科学家 David Anderson此前在接受链得得独家专访时表示：“BOINC 和区块链都由分布式计算机网络组成，两者都具有大量计算能力。”而作为区块链 1.0 的代表，2008 年 11 月发布的比特币白皮书与早在 2003 年就已风靡网络计算机技术圈的 BOINC，在分布式计算思想和算力贡献激励体系上，都有太多吻合。

2019 年 8 月 14 日，BOINC 项目以 BOINC Foundation 的名义发布了

《算力地球白皮书——BOINC Planet Whitepaper》。

该白皮书在对 BOINC 项目进行技术改造的环节，完全摒弃了以上说法和思路，除了美化 UI、增加客户端之间的通信协调，就是基于 BOINC 的 Serverless 计算解决方案。该方案实质上是一种基于云服务的改进优化方案，并不是基于区块链技术和理念的底层技术架构改造方案。

为什么 BOINC 项目没有选择采用区块链作为底层技术架构的解决方案呢?

BOINC 与区块链在底层架构上的巨大差异。BOINC 更多是在计算能力上的一致性协同应用，即将庞大的计算任务进行分块或分片，由每一个节点配合协作，共同完成。而区块链主要是数据存储上的一致性冗余，即同样的数据在全网所有节点上都做一个完全相同的备份。BOINC 更多是协同，尽管在一些计算上为确保正确性会有一定程度的冗余，但冗余度较低。区块链更多是冗余，实施数据的全网一致性存储，协同度较低。因此，BOINC 和区块链两者在底层基础架构上并不一致。

此外，该白皮书称 BOINC 为网格计算，但在具体的内部组织架构上，BOINC 是完全基于客户 - 服务器结构的传统网络计算服务。改造之后的 BOINC 则是优化的云计算。云计算侧重于 IT 资源的整合，整合后按需提供 IT 资源，对外部用户来说，云计算是一种中心化架构，尽管在云系统内部会存在分布式架构。网格计算侧重于不同组织间计算能力的连接，本质上是一种分布式计算，不存在云计算的边界概念。云计算依靠 IT 资源供给的灵活性，革新了 IT 产业的商业模式，是基础 IT 资源外包商业模式的典型运用。网格计算是拥有计算能力的节点自发形成联盟，共同解决涉及大规模计算的问题，是基础 IT 资源联合共享模式的运用。

而区块链是另外一种分布式技术架构，既不是传统的客户 - 服务器模式，也不是云计算模式，更不是网格计算模式。

因此，目前《算力地球白皮书》给出的 BOINC 改造方案，在我们看来，只是对原有基于志愿基础上的算力贡献进行了通证化处理，在技术层面针对 BOINC 的算力分配和调度进行了优化。至于 BOINC 的通证化改造是否可行，能否成功，还需要克服一系列困难，具体效果还有待进一步观察。

第五部分

区块链衍生行业发展追踪

BLOCK CHAIN
FOR CONSORTIUM

DR. GAO'S OBSERVATION
OF BLOCK-CHAIN

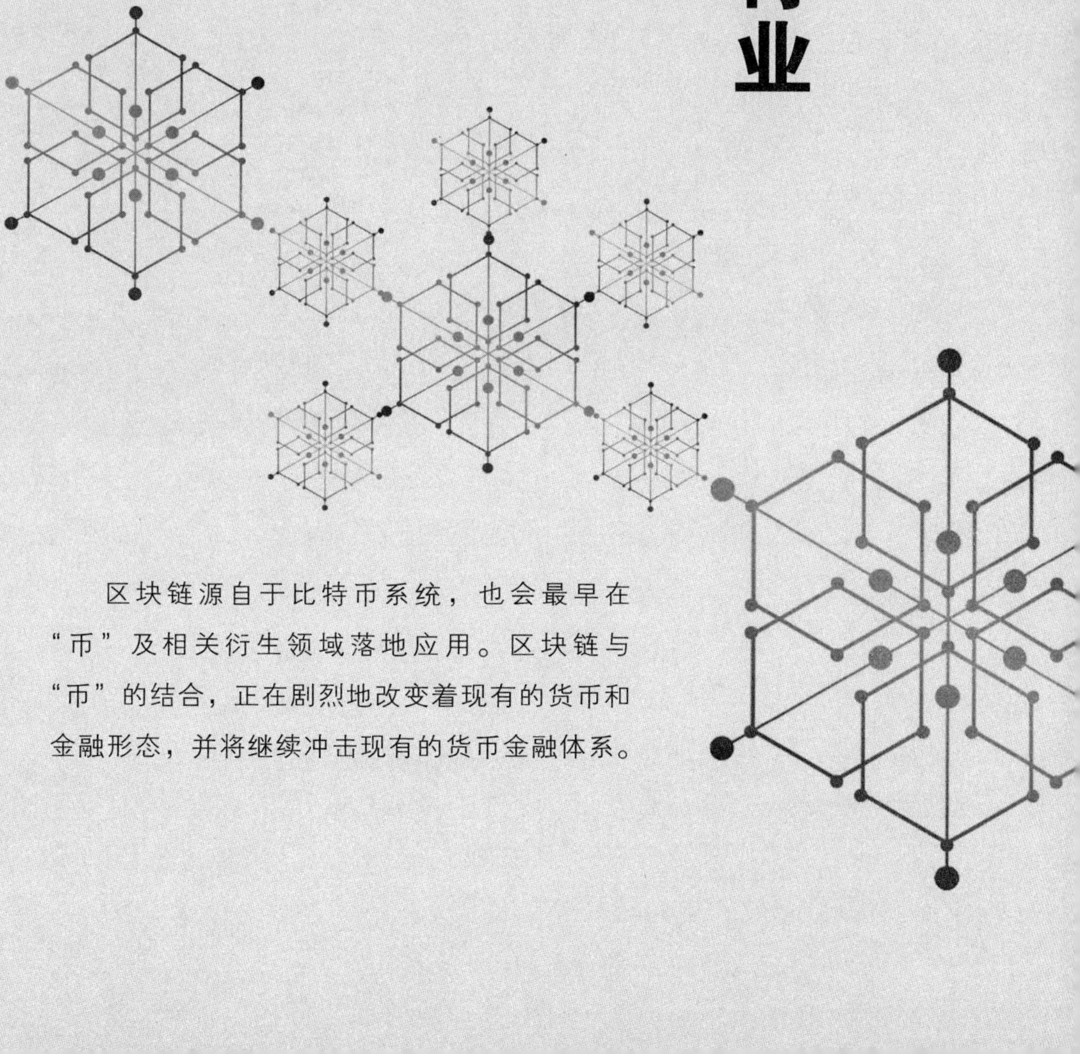

区块链源自于比特币系统，也会最早在“币”及相关衍生领域落地应用。区块链与“币”的结合，正在剧烈地改变着现有的货币和金融形态，并将继续冲击现有的货币金融体系。

一

数字资产市场观察

（一）为什么“比特币”不会成为真正的数字货币

“比特币”比照黄金，实行数量上的固定上限设计。这一设定就决定了“比特币”不可能成为未来真正的数字货币。这里的“比特币”是指按照比特币的固定上限原则发行的虚拟数字货币，而非单指目前的比特币。

1. 目前的比特币由于其共识破裂导致价值下跌，已经完全改变了其发行初衷

货币具有价值尺度、流通手段、贮藏手段、支付手段和世界货币五大职能。货币的这五大职能是随着商品经济的发展而逐渐形成的。其中，价值尺度和流通手段是货币的最基本职能。货币首先是价值尺度，衡量商品有没有价值、有多少价值，然后才作为流通手段实现商品的价值。这一职能要求货币价值具有内在的稳定性，而“比特币”采取固定上限的人为设定，罔顾经济社会生活对货币数量需求的变化，内在地导致了“比特币”的价值不可能稳定。

人类社会不可能再回到经济生活相对平稳的农业社会，随着每一次技术革命的发生和发展，必然会带来经济社会生活的巨大变革。与之对应，在经济社会生活中流通的货币数量，也必然要被动地进行调整，否则货币

价值不可能稳定。如果经济社会生活中流通的货币数量固定，那么随着经济社会生活的变化，必然导致货币内在价值的巨大调整。如果回顾布雷顿森林体系的解体和黄金退出货币历史舞台的历史，就不难发现其背后的逻辑。实际上，货币数量、货币价值和经济社会生活变化三者，也构成了一个不可能三角。

2. “比特币”固定上限的设计，人为地制造了稀缺

在吸引更多资源以“比特币”为交换标的进入以“比特币”为价值衡量的世界的同时，必然进一步推动“比特币”的通缩。“比特币”的数量上限设定为固定值，而人类经济社会生活又在持续爆发式增长，导致“比特币”的价值具有内在的通缩属性，即“比特币”会随着信仰（投机）人数的增加，越来越值钱，这又会进一步刺激越来越多的人用外部资源交换“比特币”。但交换之后获取的“比特币”并不是为了下一次的交易，而是贮藏起来，以期获得以后“比特币”的进一步升值。由于贮藏行为导致的“比特币”供需关系的改变，又内在地推动了“比特币”价值的增长。如此循环，直至流通领域再也没有“比特币”。

以黄金不易携带、黄金不能无限切割，而“比特币”交易全部网上进行不需携带、“比特币”可无限分割为依据，进而得出“比特币”可以充当未来数字货币的论断，并不能改变“比特币”内在价值不稳定的机理，也不能从逻辑上推出“比特币”会是未来货币或数字货币的结论。

货币要流通，其价格必须要保持大体的稳定，因此其流通数量必须与经济社会生活对货币数量需求相一致。货币的数字化是人类在货币领域面临的新生事务，数字化的货币是对传统纸币的单纯的数字化替代，还是需要对流转流通中每一枚数字货币进行全程追踪追溯，这将对未来货币理论和货币领域的实践产生不同的影响。在不同的方式下，传统的商业银行的货币派生功能是否还在，如果派生功能存在其功能发挥程度又如何，这些问题都有待进一步的理论研究和实证证实。试图以固定上限的方式让货币重回古典状态，以期一劳永逸地解决货币数量和其价值，是断不可能成功的。

尽管我们对中心化的中央银行不信任，对部分功能中心化的商业银行不信任，但在人类尚未完全搞清楚货币数量、货币价格、基础货币和派生货币之间的关系等相关理论和实践问题之前，仍然需要央行这个看得见的手对货币数量和货币价格的“无原则”调控。

中心化和去中心化，均不是问题所在，关键是要解决现实问题。我们可以通过技术和政策手段，实施透明的中心化，也可以通过进一步的技术手段，实施高效率的去中心化，但不可单纯地因为意识形态的原因，为了去中心化而去中心化，或为了中心化而中心化。

被誉为“改革四君子”之一的朱嘉明在其《从自由到垄断：中国货币经济两千年》一书中曾提及“秦朝灭亡在货币政策方面的原因”，可以为我们理解和研究货币政策提供一些启发。

秦朝一统天下，一方面结束了旷日持久的战争状态，使得社会上的生产和经济生活开始活跃，市场对货币流通数量的需求较以前大为增加。另一方面秦朝也从一个地区性政权扩大为一个全国性政权，这使得经济自由流通的范围较各国各自为政时的经济版图大得多，致使货币流通数量的需求远超七国争雄时期。秦始皇驾崩前一年推行了统一货币的币制改革，实行“秦半两”。这一政策从长期来看，肯定是有利于经济发展的，但由于当时社会仍处于铸币时代，铸币的生产速度赶不上经济发展对货币数量需求增长的速度，于是就出现了人类货币史上并不常见的通缩现象，导致“物贱钱贵”。人们因惜“钱”减少交易甚至不再进行交易，导致经济生活迅速萎缩，生产和生活重返以个人和家庭为范围的最小经济生活单元状态。处于这个经济社会生活中的所有人都受到了这一政策的伤害，继而导致了后续经济生活、社会治理等一系列问题，进而导致了秦朝的最终灭亡。

（二）稳定币的冲击

1. 稳定币的含义

稳定币是一种价值稳定的加密货币。其价值意义在于结合加密支付网络的去中心化系统，同时拥有相对稳定的价格水平。据不完全统计，目前全球至少已有57种稳定币，23种已经投入使用。

市场上的稳定币主要有三种类型：法定资产抵押型、加密资产抵押型、无抵押型。现存的三种稳定币是通过某种锚定机制，将数字货币对特定资产或价值的比价固定在某一比例，从而实现价格的相对稳定。稳定币是一种特殊的加密货币，可以用来和特定的指数资产保持固定比例兑换，目前比较多的应用于和法币挂钩。

稳定币实际是一种信用媒介即债权，通过稳定币的发行量可以知道一家发行机构的总债务。法定资产抵押型稳定币是完全中心化的，区块链不过相当于发行承兑机构的债务公示手段。而加密资产抵押型稳定币是可以做到去中心化。通过某种主链上的去中心化交易所，将区块链币根据市值超额抵押为稳定币——比如质押BTS得到bitCNY，质押ETH得到DAI，质押NEO得到sdsUSD。

法定资产抵押型稳定币的价值基础来自冻结在银行账户里的法币本身，加上风险、时间等因素的折现，就形成了稳定币的价格。加密资产抵押型稳定币就更为复杂。在链上锁定的是另外一种Token，根据代币的法币市价加上一定溢价，通过专门的代币或者其他方式付出手续费，得到稳定币。此后，用户锁在主链上的代币即作为稳定币的价值基础。

当抵押的代币法币价格下跌到了一定水平，就可以被其他人用更少的稳定币买走。这时，稳定币的持有者不再有用稳定币赎回自己超额质押的代币的权利，除非在被“爆仓”之前及时“补仓”。

不同于其他稳定通证项目，无抵押型所发行的稳定通证是没有任何具有法币价值的资产作为担保的，其价值锚定使用需求实际上是一种凭空创造的法币等价物，其发行与央行发行的法币没有任何联系，由算法直接创造。算法银行机制主要通过控制供给量和发行类债券维持价格。

部分稳定币同时也具有股权的性质，如为扩张和收缩 Basis 的供给，Basis 协议界定了三种代币。其中 ShareTokens 为股份币，价值源于分红政策。当 Basis 价格相比美元价格上涨需要增加供给时，系统会增发 Basis 代币。首先按发行时间偿还未偿还的债券币 BondTokens，若债券币清算完毕之后，系统将剩余新增发代币按比例分配给 ShareTokens 股份币持有者。

2. 稳定币的赎回变现

稳定币可随时赎回变现是投资者关心的问题。当用户持有稳定币的全部流通量，并试图合法赎回，其需要让用户快捷、安全地赎回，发行方不能阻碍或阻止合法的赎回。

稳定币一般都可以进行赎回，但一些稳定币的发行方，试图通过一些延迟或设置障碍的方法，来拖延用户赎回法币。例如 Bitfinex 现在对 100 万美元以上的提款收取 1% 的手续费；Tether 以1∶1的美元为基础，但不能直接兑换成美元，需要交纳手续费。

稳定币的透明度问题、真实锚定资产等问题长期饱受诟病，行业存在诸多灰色地带，近期，市值最大的受监管稳定币 TUSD 官方发布行业道德准则。准则认为不能为了保持更高的市值而强行阻止赎回，强调要遵守法规使用最佳技术对进行稳定币的法币购买或赎回操作的用户执行 KYC/AML 流程检查。

3. 稳定币存在问题

发行方式方面。法定资产抵押模式存在着货币发行中心化且信息不透明的问题；加密资产抵押可能在市场极端下跌时出现抵押资产净值低于稳定币票面价值，进而造成大面积违约情况；无抵押模式的前提是市场对该稳定币有长期稳定需求，否则会陷入死亡螺旋。

稳定机制方面。目前来看，主流的三种方法都存在一定的局限性：抵押和中介背书大多都将密码货币再中介化，增加了中介化的诸多缺点，而价格不稳定的数字货币更是增加了跑路等极端风险。而无抵押模式则操作困难，未必达到理想的效果。

投资方面。稳定货币做多基本没有收益，而且做空成本极低。比如借贷一大笔稳定货币，做空成本其实就是只需要借贷大量稳定货币付些利息就可以。在这种不对称性下，稳定货币会吸引来大量的做空的力量，这给区块链世界带来巨大的系统性风险，甚至让区块链世界直接崩盘。

4. 稳定币案例探讨

（1）JPM Coin 的挑战

JPM Coin 大幅缩短了交易结算时间，却挑战了跨境交易监管和税收。

美国最大的金融服务机构——摩根大通将推出加密数字货币摩根币（JPM Coin），用于即时结算客户间的支付交易。

通过对已发布的信息进行研究，我们认为，JPM Coin 是区块链应用中有明确应用场景且功能单一和简单的 Token，即是单纯的代币，不是虚拟加密货币，尽管目前虚拟加密货币尚缺少明确的定义。

JPM 文件显示，JPM Coin 初期仅适用在大型机构客户间交易支付结算等限定用途，客户必须先存入美元才能获得 JPM Coin，并可以与美元1∶1兑回。也就是说，1 枚 JPM Coin 等于 1 美元，当一名客户通过摩根大通的区块链向另一名客户转移资金时，实际上将是 JPM Coin 被转移并立即兑换为等值美元，目的是在大幅缩短交易结算时间。因此，JPM Coin 目前仅仅是美元的代币，单纯用于 JPM 的机构客户间的记账、交易和结算，在清算时仍须回到法币，也就是美元。

JPM Coin 的代币功能定位及其用途规定，可以极大提高交易效率，同时又保证：

①通过 JPM Coin 为中介的代币交易记账、支付和结算，可以去掉绝大部分中间监管环节和中介，基本可以做到实时交易实时结算。

②机构客户必须先存入美元才能进行交易，在 JPM 的安全性得以保证的前提下，保证了交易的安全和可靠。

③通过相关交易上链，保证了整个交易流程的公开、透明和不可篡改。

从货币理论来看，由于机构客户以美元在 JPM 作担保，原则上只要 JPM 不动用机构客户存在 JPM 的美元，即 JMP 能够保证客户资金的安全，也就保证了流动性。但同时，由于客户资金在 JPM 作抵押被冻结，因此会减少美元货币周转效率，影响货币派生功能发挥，如果其规模比较大，会对美联储的货币调控职能产生一定的冲击。另外，由于 JPM Coin 的使用极大地提高了交易效率，因此会对美元的周转及货币派生功能形成一定的黑洞效应。

JPM Coin 可看作区块链 Token 发展的参考方向，即在一定的可控范围内，由一个可信的第三方，对参与各方实行货币或实物抵押，同时通过区块链技术，将相关的交易上链，保证交易全程公开、透明、不可篡改，从而提高交易效率。

但 JPM Coin 的出现和大规模使用，对跨国跨境贸易的监管与税收征收构成极大挑战。

如果相关交易属于实物交易，尚可通过各国海关，对交易数量、方向、价格等要素进行监管，但如果交易内容属于非实物内容，比如汇率、虚拟服务，除非 JPM 向相关国家和地区的监管方开放区块链数据端口，否则相关国家的监管部门将对此类交易无从监管，税收也将受到极大影响。如果在交易结算金额较小时尚不构成问题，但如果结算金额较大时，各相关国家和地区监管部门肯定会对此类行为进行监控，行使国家和地区主权职能。

有评论指出，JPM Coin 在短期会降低美元的影响力，但长期来看会加强美元在全世界的影响力。必须指出，美元在全球的影响力，是美元背后的经济、政治和军事等多种因素综合作用的结果。JPM Coin 仅是美元的代币，其影响力是美元全球影响力的表现，而非美元影响力的原因。JPM Coin 有可能会对美元在全球的影响力带来影响，但影响强弱以及影响的方向，尚须观察。

（2）JPM Coin 与 USDT 的异同

尽管 JPM Coin 与以 USDT 为代表的稳定币都是以实物美元作抵押，又都是1∶1的兑换比例，但两者却具有更多的不同点。

2019 年 2 月 14 日，摩根大通推出类似于稳定币的加密货币“JPM Coin”，用于实现批发支付（Wholesale Payments，银行间或者国家间的大额支付）业务客户之间的即时交易结算。由于 JPM Coin 与以 USDT 为代表的稳定币都是以实物美元作抵押，都是1∶1的兑换比例，导致很多人误以为两者类似。其实两者除了以上提到的共同点之外，JPM Coin 与以 USDT 为代表的美元稳定币具有更多的不同点。

1）相同点

①JPM Coin 与 USDT 均是机构发行，都与美元1∶1兑换。JPM Coin 可按照1∶1的比例，由 JPM 兑换美元；USDT 在银行有准备金，遵守1∶1的准备金保证，即每发行 1 枚 USDT 代币，其银行帐户都会有 1 美元的资金保障。

②都具有一定的货币职能。JPM Coin 依托于 JPM 的信用，在 JPM 的业务体系中基本具备货币的五大职能（价值尺度、流通手段、支付手段、贮藏手段和世界货币），但目前未开通与 JPM 业务体系之外的机构之间的货币职能，但不排除未来会有此类职能。USDT 由于其自身具有相对的稳定价格，目前在一定范围内，主要是 USDT 的信仰者中具有货币的五大职能。

2）不同点

①本质属性不同。

二者虽然都以1:1比例与美元挂钩，但又有所不同。JPM Coin 目前仅是一定范围内的美元的代币，但不是虚拟加密货币。而 USDT 是对于法币价格相对稳定的连接法币与虚拟加密货币的中介币。

②发行目的不同。

JPM Coin 主要用于 JPM 相关联的机构客户间涉及支付的区块链应用场景，目的是降低交易成本，实时交易实时结算，提高结算效率；USDT 目前来看更多用于投资，是法币与虚拟加密货币的桥梁，更多是两类不同货币的关联。

③抵押担保机构不同。

JPM Coin 的抵押美元存放在摩根大通（JPMorgan Chase N. A.）的指定账户中。根据相关文件声明，USDT 则是存放在指定的第三方银行。

④面向客户不同。

JPM Coin 采用许可制度，只有获得监管机构批准的主要机构客户（如银行、经纪商、交易商、公司）才可使用；USDT 面向的对象是所有人。

⑤应用场景不同。

JPM Coin 应用场景明确、单一，仅用于记账、结算，与虚拟货币无关，目前应用领域主要限定在大型机构客户间的国际支付、证券交易，服务于使用摩根大通资金业务的大型企业；USDT 连接法币与虚拟加密货币，潜在应用场景丰富，但其应用和发展全部寄托于虚拟加密货币的发展。

⑥流通性不同。

JPM Coin 的使用严格绑定 JPM 自身的信用和业务体系，因此 JPM Coin 的流通和使用具有一定的强制性。USDT 依托于发行方自身信用以及信仰人群，其流通和使用具有更多的自发性和开放性。

⑦币价波动性不同。

由于JPM具有较好的信用以及风控措施，因此JPM Coin原则上价格不具备波动性。USDT由于背后机构信用、连接的虚拟加密货币的价格以及自身操作的不透明，导致USDT在价格上有波动。

⑧赢利机制不同。

JPM Coin的发行目的是降低交易成本，提高交易效率，尽管JPM Coin没有赢利机制，但对于JPM及其业务伙伴来说，是有巨大的利益节余（获取）空间的。USDT除了平台手续费外，目前尚看不到它的赢利机制。

（3）未来发展预测

1）潜在风险

如果两者将客户抵押资金对外投资获取收益，两者就都履行了传统商业银行和投资银行的职能，这对客户和监管机构来说，都是需要进行严格监管的，也是未来比较大的风险点。

2）监管机构态度

JPM Coin业务体系、信用保证、现实应用场景，会直接挑战各相关国家的交易监管、税收征收等主权。由于刚推出，各国尚未对此表明态度，但估计会受到各相关国家的抵制和反对。

USDT更多是一种试验，未经任何批准。2018年9月10日，纽约金融服务局（NYDFS）批准Paxos和Gemini推出两种稳定币——GUSD和PAX，这两种稳定币都以1∶1的比例锚定美元，每单位的GUST和PAX都代表1美元的价值。

这是对USDT发行机制的一种改进。尽管世界各国对此反应各异，但目前政策是明确的。

两者的使用，都会对所在国家的货币主权构成一定的挑战，但影响既有正向的，也有负向的，其长期影响尚需观察和进一步的研究。

（三）数字货币领域安全亟待解决

2019 年 5 月 8 日早晨，多家媒体报道币安 7000 枚 BTC 被盗。7000 枚比特币被盗，安全问题必须从机制上进行解决。

交易所被盗被黑，币安不是第一次，也不会是最后一次。安全与破解，始终是一对矛盾。现今信息系统架构越来越复杂，软件系统开发时间越来越短，开发人员门槛越来越低。绝大部分项目根本不可能像传统安全理论要求的，从体系架构到功能组件，都要通过形式化验证。在原有体系架构基础上，通过加强各种安全防护，只会使系统架构更加复杂。这种安全增强，对系统的安全性只会起到一时作用，从长远来看，必然会使系统的安全漏洞越来越多，安全问题越来越突出，安全威胁越来越严重。

中心化交易所从诞生之日起就一直是各类黑客攻击的重点。传统的期货交易所和证券交易所，通过内网连接交易所与期货公司和证券公司，从而与外网相对隔离。但加密货币交易所直接面向终端客户，没有了证券公司或期货公司这一中间媒介，不具备传统交易所的隔离机制，交易所自身又持有所有用户资产，自然成为各路黑客试手的最佳目标。

此外，现有金融体系中心化是由国家信用到企业信用进行的全方位的背书，例如由银行提供第三方资金托管，由银（证）监会或同业协会建立的储备金风险应对。而目前的加密货币中心化交易所，只是普通的企业，相关的机制没有硬性标准，也缺乏透明和监督。中心化交易所在交易行为中往往既是服务提供方，也是业务参与方，既是裁判员，又是运动员。公司以谋取利益最大化为目标，在资产大量集中的情况下，中心化交易所叠加产生的风险更大。

2017 年全世界大部分网络都受到了 WannaCry 病毒的入侵，我国由可信计算保护的国家电网却安然无恙。可信计算为什么安全？可信计算是对系统架构的重新组织和架构，是安全领域的供给侧解决方案，所有行为、所有功能、所有主体都要经过可信认证，才允许在系统中运行。可信计算不仅是安全技术方面的进步，更是安全理念方面的进步，是安全机制方面的进步。

大部分去中心化交易所，由用户自己持有资产，采用智能合约形式，通过代码公开取得用户信任，并通过代码连接交易所和客户钱包，在用户资产安全方面较中心化交易所有更多安全属性，但在自身体系架构以及智能合约的安全性方面，也还是存在传统软件系统中的问题，在给予用户个人资产安全的前提下，并不能保证自身系统的安全性。

在加密数字货币领域，急需引入和建设一种以区块链的方式解决和实现的安全托管机制。这种机制应该是基于数学、基于密码安全、基于代码，不依赖于任何第三方，也没有任何第三方可以参与控制的去中心化托管方式。只有这样，才能既防外贼，也防内鬼。

因此，交易所的安全保护，必须摆脱单纯的技术防护的思路，从交易所的功能出发，以可信计算思想，重构交易所规则流程，重新定义交易所各种职能，以最小化、可证明、可验证的原则，确保用户资产安全，确保自身系统安全，优化用户交易体验，构建交易深度，以此为基础，再构建生态的开放性，进而构建全球安全的统一价格体系。

（四）央行数字货币发行内容的明确和待明确

中国人民银行自 2014 年开始央行数字货币研发，历时 5 年多。2019 年 8 月 10 日，中国人民银行支付结算司副司长穆长春在“第三届中国金融四十人论坛”上表示，央行数字货币呼之欲出。

梳理以往央行相关官员讲话及论述，结合本次穆长春司长最新讲话内容，可以看到，中国人民银行在央行数字货币研发上已经确定了基本的框架，但在一些细节问题上尚待进一步明确。

1. 央行数字货币发行已经明确的内容

（1）央行数字货币发行采用双层运营体系

双层运营体系，即央行做上层，商业银行做第二层。

央行数字货币发行采用双层运营体系，主要有以下一些考虑。一是可以适应中国复杂的金融货币运行状况，由各商业银行基于业务发展情况，调整数字货币运营过程中不适应不完善的地方；二是不改变目前的债务债权关系，不会对现有银行货币体系带来重大冲击；三是可以将风险最小化，一旦个别商业银行在运营过程中出现问题，可以进行必要的隔离，把风险控制在最小范围；四是可以将资源做到最充分利用，商业银行各方面资源已经相当完备，没有必要另起炉灶；五是便于开展竞争，让各商业银行在央行预设的轨道上进行充分竞争，并形成最终的央行数字货币机制和体系；六是在运营效率上，如果采用单层运营体系，在中国这样一个人口大国和贸易大国，央行难以独自承担所有交易的验证和清算。

（2）坚持中心化的管理模式

在区块链从业者的概念中，数字货币是去中心化的。但央行数字货币是一国主权货币，其发行和管理，不同于区块链行业中各项目方发行的加密货币。无论是从保证央行在央行数字货币投放过程中的中心地位，强化央行数字货币是中央银行对社会公众负债的角度，还是强化央行的宏观审慎和货币调控职能，或者保持原有的货币政策传导方式，均需要坚持央行数字货币的中心化管理模式。

（3）重点是 M0 替代，而不是 M1/M2 替代

鉴于我国货币体系中 M1、M2 已经实现了电子化和数字化，所以没有必要用另一种数字货币技术对 M1/M2 再进行一次数字化改造，尽管两者数字化改造的方式有很多不同。此外，目前支持 M1 和 M2 流转的银行间支付清算系统、商业银行行内系统以及非银行支付机构的各类网络支付手段远比区块链方式下的支付手段高效，央行也不可能贸然在 M1/M2 这么庞

大的体系上，用一种不够成熟的技术手段对其进行改造。如果用央行数字货币体系改造 M1/M2，除了会对现有的系统和资源带来巨大浪费，还会给整个系统造成巨大的不稳定。

现实生活中，M0 易匿名伪造，存在被用于洗钱、进行恐怖融资等风险。此外，电子支付工具还无法完全替代 M0，特别是在账户服务和通信网络覆盖不佳的地区，民众对于现钞依赖程度还是比较高的。所以央行数字货币重点是 M0 替代，既保持现钞的属性和主要特征，也满足便携和匿名的需求。

（4）采用 100% 准备金制

央行数字货币采用双层运营体系，对商业机构实行 100% 准备金制，可以避免双层运营体系下商业银行或商业机构出现的货币超发，更好地把控风险。

央行数字货币重点是 M0 替代，因此不会允许央行数字货币进入 M1/M2 体系，也就不存在商业银行相应的信用扩张和货币乘数问题。

（5）不采用纯区块链架构

通过对多个区块链系统进行性能测试，央行发现区块链系统的性能不足以满足定位于 M0 替代的央行数字货币交易需求。根据央行官员讲话，定位于 M0 替代的央行数字货币交易系统性能应至少在 30 万笔/秒以上的水平。这种性能要求，至少在目前不是区块链系统能够达到的。

2. 央行数字货币发行待明确的内容

（1）双层体系如何运营

当天银联董事长邵伏军在同一个论坛上从支付清算机构的角度指出了双重投放体系的两种可能性。据巴比特网站报道：

“一是央行、商业银行双层投放体系下，区块链覆盖数字货币的发行以及流通的全过程，也就是说双重体系下区块链将登记区块链的发行信息、流通信息对最终使用者，数字货币交易的还是点对点的交易过程，最终使用者，发出数字货币交易请求之后，直接由区块链当中的区块链网络相关的节点进行交易验证以及交易记录，整个交易的转结是由区块链网络协议直接完成。”

“另外，双重投放体系中，代理发行机构，它发行数字货币是有自己的标识，工行发行有工行的标识，农行有农行的标识，支付清算机构对现有的网络进行一个改造来支持数字货币的转结清算，通过央行缴准备金获得数字货币的发行量，发行的数字货币成为代理投放机构的负债，各个代理发放机构就需要对这些数字货币有一个标识。就相当于发行港币，中行相应的有标识，同时监控数字货币流通情况。”

但当天央行穆长春司长的讲话，已经明确了由于区块链系统在 M0 上的清算效率问题，央行数字货币体系不会使用纯区块链技术。

2017 年 5 月，央行数字货币研究所前任所长姚前在《清华金融评论》发表《数字货币与银行账户》文章，对央行授权发行法定数字货币进行了学术上的分析：“在央行授权发行法定数字货币的环境下，商业银行银行库中的数字货币属于商业银行的资产，发钞行的负债；商业银行客户账户中的数字货币则属于客户的资产，发钞行的负债（发钞行不一定是账户行）。客户之间点对点交易数字货币，由法定数字货币发钞行进行交易确认与管理（谁发行谁管理），央行承担监管责任；交易电子货币则和现有流程一致，通过央行跨行支付系统、商业银行核心业务系统完成。需要说明的是，发钞行和中央银行以及发钞行之间的互联互通，将由央行来做顶层设计，该顶层是否可以迁移至分布式账本的架构之下，将是业界面临的重大课题。”

同时还给出了不同类型货币的不同交易渠道，如图 5 - 1 所示。

在这种体系架构中，数字货币与电子货币并行存在，并在商业银行账户体系内完成兑换。

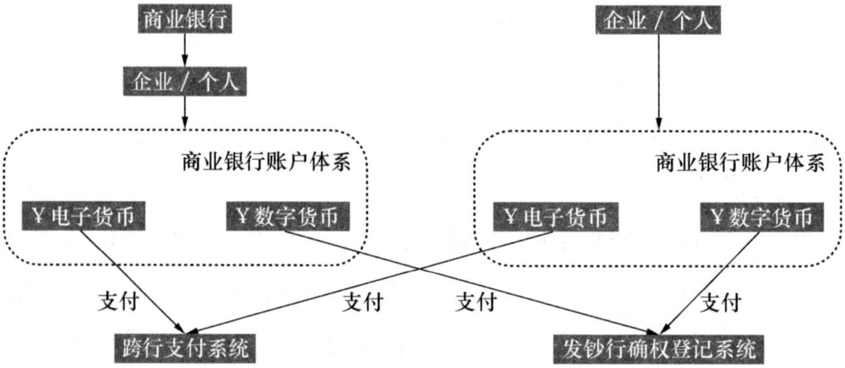

图 5－1　不同类型货币的不同交易渠道

资料来源：姚前《数字货币与银行账户》。

虽然穆长春司长在解释双层运营体系时指出："人民银行先把数字货币兑换给银行或者是其他运营机构，再由这些机构兑换给公众。"但我们基于以上分析认为，这很可能是穆长春司长对双层体系的运行方式做出的一个并不十分准确的描述。央行数字货币发行大概率会采用第二种方式，即由央行授信、各发钞机构通过 100% 准备金获得发钞资格，再由其他的商业银行和机构按现有的货币流通渠道开展货币流通。

（2）实行哪种中心化管理

穆长春司长提到，央行数字货币坚持中心化管理。

一般的区块链项目发行的各种通证或代币，号称是分布式的，但实际上会通过一个机构，对通证或代币在发行和运行上实行中心化管理。这种管理，有的通过基金会进行，有的通过社区投票进行。至今还不存在完全分布式去中心化的通证或代币运行，即使是比特币，也仍会通过社区投票、分叉等方式进行不同层面的意见表决和管理。

央行数字货币由央行发行，是主权国家货币，行使国家主权货币职能，因此央行数字货币采用中心化管理，自然是应有之义。

那么，央行数字货币中心化管理，管什么，如何管？

穆长春司长在解释实行中心化管理时给出了四条理由。

“第一，央行数字货币仍然是中央银行对社会公众的负债。这种债权债务关系并没有随着货币形态变化而改变。因此，仍然要保证央行在投放过程中的中心地位。

第二，为了保证并加强央行的宏观审慎和货币调控职能，需要继续坚持中心化的管理模式。

第三，第二层指定运营机构来进行货币的兑换，要进行中心化的管理，避免指定运营机构货币超发。

第四，因为在整个兑换过程中，没有改变二元账户体系，所以应该保持原有的货币政策传导方式，这也需要保持央行中心管理的地位。”

我们知道，央行数字货币重点是 M0 替代。M0 主要是指商业流通中的现金，而央行货币管理和货币政策，主要是通过对 M2 进行总量上的调控，进而强化央行的宏观审慎和货币调控职能。

由此能否推测，央行目前基于 M0 替代的数字货币，是在为未来在 M1/M2 上开展数字货币改造提供基础和铺垫?

此外，还存在一个问题，即央行如何实现中心化管理。这既是管理体制机制问题，也是具体的技术路线问题。央行既可以选用原来的中心化系统技术架构，也可以通过对央行数字货币体系使用的密钥进行分割和管理来实现中心化监管。前一种方式，央行轻车熟路，技术上也没有难度，但难以在现有体系上进一步创新。后一种方式尽管在设计和实施上有一定难度，但新的央行数字货币体系更有可能在此基础上，更加契合央行数字货币一些新的特性，如账户可控匿名、账户松耦合等。

（3）如何做到账户松耦合

对于央行数字货币，穆长春司长提出了“账户松耦合”的概念，即央行数字货币脱离传统银行账户实现价值转移，使交易环节对账户依赖程度大为降低，使央行数字货币既可以像现金一样易于流通，这有利于人民币的流通和国际化，同时又可以实现可控匿名，在保证交易双方是匿名的同时保证在三反（反洗钱、反恐怖融资、反逃税）之间取得平衡。

松耦合本是计算机或通信里的概念。松耦合系统通常是基于消息的系统，客户端和远程服务并不知道对方是如何实现的。客户端和服务之间的通讯由消息的架构支配，只要消息符合协商的架构，则客户端或服务的实现就可以根据需要进行更改，而不必担心会破坏对方。

穆长春司长提出的账户松耦合，是否是指用户的数字钱包与所在的银行账户在功能实现上需要保持一定的黑箱状态？如果完全保持黑箱状态，在技术上易于实现。但基于三反（反洗钱、反恐怖融资、反逃税）要求，同时还要求用户的数字钱包可控，因此，在具体实现上，我们猜测很有可能会对用户数字钱包在交易上做出一些功能上的限定，类似于我们目前银行账户的一级账户、二级账户区分一样。

此外，央行数字货币体系注重 M0 替代，在管理机制和技术实现上面临着如何实现央行数字货币与原电子货币系统的整合问题。而且如何做到二者有机协调、互相借鉴、取长补短，并最终形成完整统一的央行数字货币体系，也是需要关注的问题。

（五）如何实现数字货币和数字资产监管

几千年来，人类用劳动和智慧创造了大量的财富。作为财富的计价工具、价值交换媒介和财富贮存工具，货币在人类历史发展中扮演了重要的角色，货币的形态也不断在演进，相关制度创新也在不断涌现。这些创新在降低交易成本、加速财富创造的同时，也在不断地制造着各种各样的金融危机。为了降低金融危机带来的危害，全球金融监管机构也始终在创新监管理念，大力发展各种金融监管技术和监管工具，使得金融监管能够与金融创新同步。比如 2008 年全球金融危机之后，为了避免全球信贷危机重演，全球银行业监管者于当年就公布了新的银行业监管框架——《巴塞尔协议 III》。

1. 基于区块链技术的数字货币和资产数字化使得监管面临新的挑战

在传统货币和金融形态不断演进的同时，2009 年，一个叫作比特币的分布式数字货币横空出世。这种货币没有实物形态，其存在就是一串二进制数字；也不存在各种防伪技术，其安全完全基于底层的密码算法；没有传统的中心机构对货币发行进行调控，其发行完全依照算法进行；其交易也是通过比特币系统设定的点对点方式进行，完全摒弃了传统的支付渠道、商业银行、中央银行和清算银行。受比特币系统启发，接下来又有一系列数字货币被开发出来。这些数字货币有的完全仿照比特币系统，有的采取了中心化机构或多中心机构联合发行，有的在价格上锚定了法币。但无一例外，这些被开发出来的数字货币都是基于底层密码算法，同时摒弃了传统的线下金融机构。

伴随着数字货币浪潮风起云涌，资产数字化在全球主要国家也开始涌现。通过区块链的底层算法，将资产以底层密码算法的方式进行了数字化，并正向资产交易的方向演进。这对传统的资本市场无疑又是一大冲击。对监管机构而言，除了要继续监管传统的金融机构和各种金融创新可能带来的危害，还要实现对数字货币以及各种数字资产的监管。

2. 基于区块链技术的数字货币和资产数字化给监管带来了哪些新的挑战

目前基本上所有的数字货币和数字资产都是基于各种不同的椭圆曲线密码算法进行管理的。因此，从监管的角度，必须能够接入各种基于椭圆曲线密码算法管理的数字货币和数字资产系统，才可以实现监管。

（1）基于区块链技术的数字货币和数字资产给监管带来的便利

以椭圆曲线密码算法为代表的非对称密码的特性，决定了监管机构可以不需要系统运行方为监管预留接口，就可以直接监测到系统上运行的数字货币和数字资产的数量和变化。这在以往的系统中是不可能的。传统的金融系统，必须为监管预留相应的接口，设置相应的权限，监管才有可能实现对资产及其变动的监测。

（2）基于区块链技术的数字货币和数字资产给监管带来的新挑战

数字货币和数字资产存在方式与传统货币和传统资产不同。数字货币是以去中心化方式发行的，这对于金融监管机构而言，是一种全新的存在方式。基于区块链底层技术的数字资产也面临同样的状况。数字货币和数字资产与传统的货币和资产存在方式不同，意味着监管工具、监管技术，甚至监管理念，都需要做全新的调整和转换。

底层密码算法多样性。非对称密码，或椭圆曲线密码算法的多样性，也增加了监管的难度。监管机构要对所有数字货币和数字资产进行监管，就必须对每一种椭圆曲线密码算法管理的数字货币和数字资产进行监管，不得不将统一的监管体系根据监管对象所使用的椭圆曲线密码算法的不同划分为不同的组织和类别，以实现监管的针对性。但这种划分，无疑极大地分散了监管的精力，降低了监管工作的有效性。

跨链交易给数字货币和数字资产追踪带来困难。目前基于区块链的跨链技术以及其他技术，能够实现基于底层不同密码算法的数字货币和数字资产的兑换，这无疑又为数字资产和数字货币的监管增加了新的难度。

跨国界特性要求监管必须全球协同。区块链系统天生具有跨越国界的特点，基于区块链技术的数字货币和数字资产也同样具有跨越国界的特点。这就使得原来基于国家或区域的监管政策失效，必须致力于全球协同监管。即使各国监管机构协调顺畅，但各国不同的货币金融政策以及监管政策也会使得这种跨越国界的监管难以实施。

基于算法的分发和交易，使监管政策难以发挥作用。一部分数字货币的发行，比如比特币，是按照固定算法实现分发的，完全不考虑外界环境的变化。数字货币和数字资产即使在发行环节不基于固定算法，但在运行和交易过程中，很多环节仍然执行了以智能合约为代表的代码或算法。但是否可以嵌入监管要求，并遵照监管要求执行，还需要多方考查。将涉及内部代码和外部代码执行的优先级问题，也涉及监管要求是否可以代码化的问题，还涉及作为系统运行和监管的代码和算法的智能程度，还需要防范非法代码冒充监管代码作恶的问题。

（3）基于区块链技术的数字货币和数字资产交易同样面临传统金融领域存在的问题

目前绝大部分数字货币和数字资产是匿名的，监管难以具体到特定的机构和个人。这种情况在传统的金融领域也同样存在。比如现金的线下支付，即M0在运行过程也是匿名的。因此，直接以现金进行交易，而不通过银行等机构开展业务的地下钱庄、或行贿受贿，在传统方式下是难以被发现的。传统方式现金线下交易和区块链方式下的匿名支付尽管在结果上有相似之处，但在系统运行上还是存在一定的差别。传统方式下的现金交易，不仅是匿名的，而且还可以做到无痕，难以被发现。但区块链方式下的数字货币和数字资产交易，尽管是匿名的，但却有痕可寻。

3. 基于区块链技术的数字货币和数字资产监管

监管是治理问题，也是技术问题，但首先是技术问题。技术为监管提供了手段和工具。没有合适的技术作为手段和工具，监管将成为空中楼阁，无的放矢。

基于区块链技术的数字货币和数字资产给监管带来了新的挑战，也带来了新的便利。任何运行在区块链公链系统上的数字货币和数字资产数量及变动，都可以实时被监测到。运行在联盟链或私链系统上的数字货币和数字资产数量和变动，只需要对监管机构开放准入，同样也可以被监测到。但在传统的金融系统，必须要为监管预留API接口或开通超级账户权限。

匿名问题也相对容易解决。对于通过区块链系统合规发行的数字货币或数字资产，通过法令法规，要求实现实名交易，或通过智能合约等代码，对特定限额以下的交易实现匿名，但对特定限额以上的交易采取实名。对于非合规发行的数字货币或数字资产，可以通过网络爬虫等大数据监测软件，获取相对应的发行信息，并强制要求合规发行。区块链系统在解决匿名和合规方面较传统现金交易更容易实现。

跨链交易在监测上存在困难。随着交易范围的扩大和交易深度的深化，跨链交易成为必须，也成为必然。因此对于跨链交易的监测就成为重中之重，也成为难中之难。就这必须研究目前不同的跨链方式的内在原理和运行逻辑，并针对不同的跨链实现自动的跨链资产交易监测。

代码和算法如何与监管政策匹配成为新的难点。数字货币和数字资产管理系统的运行、资产的转移和支付，都是在链上通过代码实现的。对其的监管监控也必须通过代码实现才能发挥作用。这就要求对现有的区块链技术架构、代码运行逻辑进行深度审视，探寻监管监控的切入点。

4. CCDEX 在数字货币和数字资产监管方面的探索

（1）CCDEX 适宜作为数字货币和数字资产的底层基础设施

CCDEX 是具有自主知识产权的跨链去中心化交易系统。在跨链方面，CCDEX 已经实现了上千种主流数字货币的跨链交易，被广泛使用的前 10 种主流数字货币系列中，CCDEX 已经实现了最主要的 8 种主流数字货币的无缝跨链交易。Facebook 计划中的 Libra 与其他主流资产的跨链交易也已经提前实现。

基于 CCDEX 底层跨链技术设计实现的二级交易清算网络，具有广泛的可扩展性。在测试网络环境下，已经实现了每秒钟 10 万笔以上交易撮合，和 6000 笔以上交易清算。CCDEX 跨链技术支持的数字货币和数字资产种类，可扩展的二级网络架构以及已经实现的系统性能，对于一般的金融系统是具有比较广泛的适用性的，也是适宜作为数字货币和数字资产的底层基础设施的。

（2）CCDEX 底层密码算法高度匹配金融监管

CCDEX 在系统底层设计上结合 HSM 硬件实现了基于同态加密和零知识证明的安全多方计算协议，从理论上可证明安全，通过 HSM 硬件全程确保用户及机构密钥的安全。CCDEX 安全多方计算协议已经实现了超过 21 个节点的多重门限签名，在可扩展性、安全性和性能等方面处于全球领先水平。在（k，n）门限签名方案的设计实现上，CCDEX 已经实现了 k 个用户分角色分层次的动态签名支持，这为系统风控和监管机构对交易的监管监控提供了工具和手段，同时赋予风控和监管更高的用户权限，允许风控和监管部门具有一票否决权，实现交易级别的细粒度监测以及真正的监管。

未来，CCDEX 还将探索将不同的监管和风控策略代码化，实现基于代码和算法的风控和监管。

面向数字货币和数字资产的区块链基础设施建设刚刚开始。在建设前期，选择合适的底层技术架构尤为重要。不正确的选择不但会影响后续建设，而且会严重影响以后的使用，甚至不得不全部推倒重来。同时，因为这类区块链底层基础设施是面向数字货币和数字资产系统的，因此必须高度重视监管问题。CCDEX 基于密码算法的底层跨链 MPC 分布式签名机制，为监管者预留有相应的权限和接口，适宜做为区块链底层的基础设施。

二

加密资产交易所核心竞争力与风险挑战

（一）加密资产交易所概况

1. 加密资产交易所发展过程

在互联网与传统产业加速融合的背景下，以区块链为代表的分布式记账技术迅猛发展。作为区块链技术的应用之一，比特币、以太币等加密资产受到广泛关注。

在加密资产交易领域，随着加密资产的交易需求和关注度上升，网络上出现了面向公众提供比特币等加密资产的电子化撮合、集中连续竞价服务的交易平台，吸引了大量投资者，加密资产的种类、总市值以及交易平台数量均经历了爆发式增长。2013 年末，全球加密资产市值约 100 亿美元，至 2016 年末为 161 亿美元。2017 年末，加密资产总市值暴涨至 5729 亿美元，呈高度泡沫化状态，且价格波动巨大。据 Coinmarketcap 数据显示，截至 2019 年 7 月 8 日，全球加密资产市值为 3530 亿美元，其中比特币市值占据了市场 64. 1% 的份额。

加密资产交易所成为全球加密资产交易的主要途径。尤其是 2017 年，加密资产价格飙升为加密资产交易所带来了大量投资者用户，大量风投资本涌入，大大刺激了加密资产交易所行业的发展，无论是交易所的数量、注册用户数、交易规模、盈利情况都获得了大幅增长。据 Coinmarketcap 统计，截至 2019 年 8 月 5 日，全球加密资产交易市场已超过 1.9 万家。

加密资产交易所的发展历程大致可分为三个阶段。

（1）萌芽期（2010～2012 年）

最早一批交易所创建于 2010 年，交易资产主要为比特币。如中国的比特币中国以及日本的 Mt. Gox 等。彼时，比特币等加密资产的价值未受到市场的广泛认同，市场价格相对较低，交易所的数量也较少，市场处于萌芽阶段。

（2）成长期（2013～2016 年）

2013 年，比特币等加密资产价值逐渐受到市场认可，价格出现大幅上涨，市场对加密资产交易的需求日益旺盛，推动了加密资产交易所数量的增加。代表性交易所有火币、OKCoin 等。

（3）发展期（2017 年至今）

第三批交易所大量进场是在 2017 年的大牛市期间，比特币价格暴涨，ICO 项目百花齐放，交易所数量猛增，并于 2017 年底达到顶峰。之后受市场价格下跌影响，新设立交易所数量有一定的回落，但目前仍保持较高的增速。此阶段的交易所以币安为代表。

2018 年后半年，加密资产市场整体下行，全球发行加密资产数量锐减，加密资产交易所的数量也从 2018 年年初的高速增长急转为年末的下降态势。原因主要有三方面，一是加密资产市场整体下行趋势明显，二是全球对加密资产及交易所的监管和安全的关注度增强，三是与稳定币的发展和趋势有关。

目前大量加密资产交易所亏损甚至关闭，火币、OKCoin、币安等发展较好的大型交易所也开始在行业中进行更多的尝试和扩展，如在区块链媒体、矿业、钱包、区块链应用综合解决方案等细分领域布局，尝试建立自己的区块链行业生态体系。

2. 加密资产交易所业务

随着加密资产相关业务的发展，加密资产交易所也不再局限于基本的充值、提现和委托交易等基本业务。为满足市场投资者的多元化需求，加密资产交易所开始提供杠杆交易、合约交易等衍生业务。

加密资产交易所的充值、提现和委托交易业务，满足了投资者买入卖出赚取差价的基本投资需求。部分大型加密资产交易所除了提供市场中出现的加密资产交易业务，还提供人民币、美元等法定货币的充值与提现业务。如火币网支持人民币、美元和加密资产充值，用户也有权随时提取在火币账户中的加密资产或者法币余额，但需支付相应的手续费。

加密资产交易所的杠杆交易、合约交易等衍生业务，为投资者提供了更多的投资机会和投资便利。火币网的闪电交易提供了 8 个级别的杠杆供客户选择，最低为 1 倍杠杆，最高则高达 34 倍；对于合约交易即期货交易，OKCoin 提供了 3 种合约供客户选择，分别为最近的周五、下一个周五和本（次）季的最后一个周五到期，以供投资者套利和套期保值。

除了杠杆交易、合约交易，融资融币业务（与传统交易所的融资融券业务类似）也是常用的衍生业务。但由于不同国家对该业务实行的监管政策不同，导致该业务在全球呈现不同的发展状态。中国政策规定交易平台不得违规从事融资融币金融业务，因此该项业务在中国基本上全部关闭。但在国外有些国家，如美国，该项业务的开展得到了许可。许多交易所为美国客户开展了这种业务，包括 Karen、Whaleclub、EvolveMarkets、日本的 Coincheck 和外汇交易平台 Simplefx 等。

此外，国外的一些加密资产交易所正在开展支付业务。如 Coinbase 自 2018 年 2 月 App 支付上线以来，支付量已超过 5000 万美元。中国目前并没有交易所提供该项业务。

3. 加密资产交易所的职能

与传统证券交易所和商品交易所一样，加密资产交易所是资产集中交易的场所，但其专注于加密资产之间的价值兑换，或加密资产与各种法定货币之间的价值兑换。其中的加密资产主要是指基于密码学及分布式记账等技术产生的加密货币。法定货币是指不代表实质商品或货物，发行者亦没有将货币兑现为实物义务，只依靠政府的法令使其成为合法通货的货币，如美元、人民币、日元等。大部分加密资产交易所专注于加密资产之间的价值兑换，交易参与者可在交易所将手中的加密资产兑换成交易所能够兑换的其他加密资产。

加密资产交易所汇聚加密资产领域中的各类交易参与者，为交易参与者提供交易必须的各种基础设施和服务，同时汇聚加密资产领域中的各类交易参与者，提供尽可能高的加密资产流动性和尽可能低的单位交易成本，最大程度满足交易参与者的各类交易需求。但受限于各国对法币交易的严格监管，目前世界上仅有少数合规性较好的交易所可以合法进行法币和加密资产间的交易，大部分加密资产交易所的交易还限于加密资产与加密资产间的交易，或由 USDT、TUSD、DGD 等与法币或黄金价值锚定的稳定币在其中充当价值交换的媒介。

除交易业务，大部分加密资产交易所还开展了资管、理财、融资融币等业务。这些业务的开展，使得加密资产交易所同时具备了银行、券商和基金公司等金融机构的职能和属性。

加密资产交易所是加密资产流通和价格发现的场所。加密资产交易所作为加密资产市场最重要的流通环节，在市场中既连接着区块链项目投资的一、二级市场，也连接着项目方和普通投资者，具有无可替代的作用。

从一级市场投资者角度，加密资产交易所最重要的作用就是将项目方和一级市场投资者发行的加密资产价值输出给所有的投资者，实现项目方和一级市场投资者与二级市场投资者、二级市场投资者与二级市场投资者之间的连接，在交易所和二级市场上实现加密资产的价格发现和价值流通。

从二级市场投资者角度，加密资产交易所是二级市场投资者获得加密资产的主渠道，同时也是二级市场投资者进行加密资产交易的主要场所。

从项目方的角度，加密资产交易所使项目方发行的加密资产与市场真正结合起来，打通了从项目方到各种类型投资者的价值流通通道，实现了项目价值的自由流通，同时还有利于构建项目自身的价值生态。

从行业地位和行业发展角度，一方面，加密资产交易所是项目方加密资产流通和交易的场所，是整个市场最核心的节点，行业地位不可动摇。另一方面，加密资产交易所通过交易生成的价格指标是整个市场流通的关键信号，决定着所有投资者的投资行为。同时，加密资产交易所可以帮助各类交易参与者有效配置资源、降低交易成本、提高行业信息透明度，使加密资产市场高效运转，继而进一步推动行业的发展。

4. 加密货币交易所的发展现状与趋势

（1）市场现状

交易所市场占比方面。最初的加密货币交易所是中心化的交易所，但随着数字货币市场容量的增大，对交易所需求的增多，交易所的形态逐步发生着演变。目前数字资产交易有两种主要类型，包括中心化交易所（Centralized Exchange，CEX）和去中心化交易所（Decentralized Exchange，DEX）。目前中心化交易所控制着全球交易量的最大份额，也就是说，大部分加密货币交易所的技术并没有完全基于区块链技术搭建。

交易所市场竞争方面。目前加密资产交易所竞争强度极高，行业增量市场较小。但目前交易所产品形态单一，缺乏差异化竞争。

交易所用户来源方面。交易所用户来源集中度高，全球化进程缓慢。相关数据表明，全球30家主流交易所的用户来源高度集中于几个国家；支持语种数量越多的交易所，其用户来源越广泛，全球化水平越高；用户更倾向于在本土设立（或本国人建立）的交易所进行交易。

（2）行业痛点

目前，安全问题是加密资产交易所行业普遍存在的行业痛点，尤其是CEX。CEX交易模式与区块链去中心化共识机制不匹配，且加密货币数量多、服务负担重、可攻击环节多、机制不健全等特点使得CEX安全无法得到保障。

与CEX不同，DEX用户对自己的资产拥有绝对的控制权，交易所负责提供数字货币流动性，撮合交易由智能合约来完成，最后的结算、清算等通过链上网络进行，保证了交易的公开透明，极大降低用户对交易所的信任成本。DEX具有安全性更高，业务模式简单，信息更加透明等优势。

DEX交易所虽然可以一定程度解决安全问题，但也存在市场缺陷。现有DEX最大缺陷是资产的流动性不足，这也是目前DEX无法成为主流交易平台的重要原因。主要体现在数字资产种类与数量不足，交易速度慢，用户体验差，交易量不足，交易深度不够等方面。

（3）发展趋势

虽然目前CEX在交易体验、交易量等方面远强于DEX，但是CEX的中心化机制却不能解决价值流通成本高、信息不对称等问题。DEX采用的区块链技术则重新定义了现有的价值体系：在没有任何中介机构的参与下，可实现价值的自由流通、价值传递更加自由、高效和安全。但现在大部分不具有跨链功能的DEX只能使价值在同一生态体系内流转，无法实现价值在跨生态体系间流转。为促使价值在不同区块链之间的自由流通，新一代DEX建设和发展成为市场必要，如何实现价值的自由流通，则是其建设和发展的方向。

相较于CEX，DEX更匹配区块链去中心化机制，其安全性、匿名性、对资产的掌控力等方面有较大的优势。从发展态势来看，DEX未来发展数量将逐步增加，CEX数量占比将会逐渐减少。尽管目前数字货币市场处于熊市阶段，但DEX市场依然维持一定的热度，包括CEX在内的区块链企业所纷纷开始布局。2018 年，Coinbase 收购 paradex，Bibox 收购 dex. top，币安更是发布了 DEX 原型，并在 2019 年 3 月发布 DEX 测试网，Okex 也在 2019 年 6 月发布了其交易公链测试网。

（二）加密资产交易所与传统交易所对比分析

加密资产交易所不仅具备传统交易所拥有的资产托管、交易撮合、清算、交易信息发布等职能，还融合了传统的银行、券商、投行、基金、律师事务所、会计师事务所等机构的属性，甚至还行使了传统意义上证监会的监管职能，使得项目通过 ICO、IEO 或 STO 方式进行融资成为可能。加密资产交易所完全可以被视为加密资产领域的超级金融中心。

加密资产的出现促成了加密资产交易所的诞生，加密资产交易所作为特殊的市场载体，为加密资产市场参与者提供了更多的交易机会。加密资产交易所与传统交易所有着相似的属性，但在交易内容、组织运营、环节流程等方面也存在许多不同之处，运作模式和管理理念的不同导致两者在发展和竞争方面也存在一定的差异。

1. 加密资产交易所与传统交易所的相同点

（1）都是市场发展到一定阶段的产物

交易所的出现有着历史必然性。当资本市场和信用制度发展趋于成熟，社会化大生产对资本的需求扩张，证券的发行与转让需要通过市场公开进行的时候，交易所这种有纪律的组织形式就出现了。证券交易所、商品交易所、权益交易所以及其他类型的传统交易所的产生都适应了市场经济的发展，是满足社会不同类型人群和机构融资、交易、风险管理和理财等需要的结果。

加密资产交易所的诞生也是源于交易这个基本需求。2009 年比特币诞生以来，大量加密资产不断涌现，加密资产市场规模迅速膨胀，加密资产持有者需要一个安全、透明、成本低、效率高的现代电子交易平台进行资产交易。为了满足这种需求，方便各类交易参与者进行加密资产交易，加密资产交易所便应运而生。

（2）都是进行交易的场所

传统的交易所是进行证券、商品或权益交易的场所，是提供交易信息的平台。交易所设有交易场地，备有各种服务设施和训练有素的管理及服务人员，借助信息平台，利用专业优势，按照既定的规则为所有市场参与者提供平等、透明的交易机会，保证交易有序、安全进行。在不同的交易所中交易的产品会有所区别，如证券交易所的交易产品通常是股票、债券、基金等，商品交易所主要交易的是贵金属类以及大宗商品。

作为一种新兴的交易所，加密资产交易所是指进行加密资产与加密资产、加密资产与法定货币间交易撮合的平台，是加密资产交易流通和价格发现的主要场所，是加密资产产业链中盈利能力最强的环节之一，也是最具话语权的环节，其交易模式的演进与创新对于抢占市场份额、引领行业发展至关重要。

（3）都具有融资功能

交易所市场是一个高度集中的市场，汇集了市场中大量的买卖需求。传统交易所为买卖双方提供了一个完备、公开进行产品交易的场所，使交易能够快速以合理价格成交。交易所可以集中社会资金参与投资，协助发行者灵活有效进行集资融资活动。企业可以通过在证券市场上发行股票、债券等筹资工具，将分散在社会中的闲置资金集中起来，为企业发展提供所需资金。

加密资产交易所连接着区块链投资的一、二级市场，也连接着项目方和普通投资者。并通过收取交易手续费、项目上币费以及开展加密资产做市商业务赚取差价等方式盈利。其融资能力虽然目前受限于整个加密资产总市值，远没有传统交易所强大，但许多加密资产交易所还通过发行平台通证或社区生态的各类通证作为融资手段，进一步的提升融资能力。2019年3月份以来，一些加密资产交易所通过所谓IEO方式，为项目方直接从二级市场融资提供平台背书，从某种程度上类似于传统IPO的变种，赋予了加密资产交易所为项目方融资的功能。

2. 加密资产交易所与传统交易所的不同点

（1）扮演角色不同

传统交易所原则上只执行单一功能服务，即通过订单匹配引擎来开展撮合交易，并不会扮演经纪人、经销商角色。

加密资产交易所除撮合交易之外，还会承担券商、投行的角色，个别加密资产交易所还会承担做市商角色。加密资产交易所的做市商角色除能增加市场的流动性外，还能从中赚取交易差价。加密资产交易所的投资银行角色为加密资产提供发行、承销等服务，加密资产交易所可以从中收取上币费，或者以加密资产交易所社区投票的形式收取保证金。加密资产交易所在提供多项服务的同时，扮演着不同的角色，这与传统交易所的单一角色具有非常大的不同。

（2）交易清算环节不同

在传统金融交易市场，交易撮合与资产托管、清算由不同的机构完成，且所有机构均有强大的信用背书，在一定程度上保障了交易的安全可信。

加密资产交易所集资产托管、撮合交易、清算于一体。目前市场中的加密资产交易所大多属于中心化交易所，系统容易受到黑客攻击，资产安全性低成为最大的问题，同时也存在着内部人员作恶的风险。

（3）资产托管方式不同

为保护客户资产安全，传统交易所普遍通过具有一定资格的商业银行实行资产的第三方托管。在交易过程中，交易所无法接触到客户的资金，只充当信息中介，既杜绝了资产被盗风险，也杜绝了交易所跑路风险。

加密资产交易所从技术手段上通常分为中心化交易所和去中心化交易所，中心化交易所和去中心化交易所在用户资产托管上采取了不同的托管方法。

在中心化交易所系统中，用户资产被集中托管在交易所，交易所控制着用户资产。用户就不再拥有资产的控制权，只拥有进行加密资产交易或提取加密资产的权利。很多中心化加密交易所并不会为其托管的加密资产提供保险，这就意味着，如果一家交易所遭到黑客攻击，用户的资产安全将无法得到保障。

在去中心化交易所，用户的加密资产由用户自己保管，用户对自己的加密资产拥有绝对控制权。去中心化交易所的交易撮合、清算都在链上进行，数据不可篡改不可伪造，加密资产控制权的转移也是通过智能合约完成，不需人为干预，解决了资产安全问题，同时也杜绝了人为作恶的可能。

（4）监管力度不同

从世界上第一家交易所成立到现在已有400多年历史。传统交易所经历了从无组织监管到交易所行业协会自律监管，到立法监管，再到自律监管和政府监管结合的历程。传统的证券交易所常被视为国家主权的组成部分，受到各国政府的管理、控制与保护。传统交易所受当地的法律监管，由相关的职能人员代表国家行使监管职能。交易所在履行它们在资本市场的角色时，通常被认为是在履行公共职能。

加密资产是一个新兴领域，各国对加密资产的属性认定分歧很大。有的国家将加密资产作为法币看待，有的国家不承认加密资产的货币属性，因此各个国家对加密资产交易所的监管指导思想也各不相同。只有少数几个国家（如日本、韩国）正式颁发加密资产交易牌照，有部分国家（如中国）禁止交易所的存在和交易的发生，大部分国家还处在摸索和观察阶段。

此外，加密资产交易的一大特点就是其价值流动的跨越国界特性。虽然大部分合规加密资产交易所会在一个或多个国家注册，申请合规，但其面向的一般是全球用户。虽然传统交易所很多也面向全球，但由于法币具有国别属性，出入金受到各国政府全方位监控，其全球自由流动受到诸多限制。而加密资产不具有国别属性，天生是全球流通的，在监控力度相对要弱得多，其跨国界的流动几乎不受限制。

（5）技术实现手段不同

传统交易所的交易系统随着技术的不断发展也在不断地改进革新，经历着从简单到复杂、从落后到先进的变化。电报、电话、电传发明后很快被引入交易所市场中，计算机的出现取代了以往的交易媒介，互联网技术从根本上改变了交易所的运营模式。在信息技术被广泛运用以前，各交易所都采用公开喊价制度，信息技术革命后出现的电子连续竞价的新型交易方式，现已成为证券交易的最主要形式。

加密资产交易所是一个新生事物，很多方面源于传统交易所，但在实现的技术手段上，尤其是目前还处于萌芽阶段的去中心化交易所，较传统交易所运用的技术手段和技术工具也有不同的呈现。去中心化加密资产交易所利用密码学技术保证数据不可篡改、资产安全，利用跨链技术支持不同类型加密资产交易，利用智能合约设计实现交易和清算。

（三）什么是加密资产交易所的核心竞争力

1. 传统交易所竞争力分析

传统交易所经历了从无组织监管到交易所行业协会自律监管，到立法监管，再到自律监管和政府监管结合的历程。在证券市场设立初期，社会经济处于自由竞争状态，各国政府对证券市场采取了不干预政策，交易所也处于无组织监管状态。这个阶段是交易所初步发展阶段，地方性交易所先后建立，市场高度垄断，交易所基本处于无竞争状态。

随着投机与欺诈行为增加，市场危机频发，市场参与者要求对交易进行管理，自律组织开始出现，实现了监管制度从无到有的跨越。通信技术的改善，使得地方交易所能够进行远程交易，同时，地方性交易所也通过利用其地域优势或建立区域联盟等方式应对来自其他地区性交易所和全国性交易所的激烈竞争。

当交易所的利益与市场整体利益不一致，交易所之间存在利益分配的冲突时，政府开始介入，从而形成了自律监管与政府监管互相补充、互相依赖的监管格局。这个时期市场规模急剧扩大，国际化进程加快，各国在交易佣金、市场准入、交易所管制等方面相继采取自由化政策，交易所的竞争扩展到国际范围，竞争更为激烈。在全球竞争的态势下，交易成本的高低既是投资者业绩的重要决定因素，也会显著影响投资者的投资比重，成为了交易所吸引委托流量的重要手段。

随着交易所面临的外部环境的不断变化，各国资本市场和金融中心的竞争日益加剧，传统交易所的核心竞争力内容也在逐步调整和转变。交易所需要吸引更多的投资者进入市场，以增加市场活跃度和流动性。因此，交易所竞争的核心就聚焦在委托流量方面。由于交易所具有较强的规模经济效益和网络外部性，委托流量会自然流向交易成本最低的交易所。

交易所的规模经济效益和网络外部性表现为上市公司和投资者数量的不断增加，交易成本则是决定上市公司和投资者进入的根本因素，因此交易成本就成为传统交易所核心竞争力的根源。传统交易所纷纷通过加大产品创新、更新交易系统、进行并购结盟、改革治理结构等方式，即从交易产品、技术与系统、产业整合、组织治理四个方面来降低交易成本，增加流动性，提高自身竞争力，确保在全球竞争中获取竞争优势。

（1）丰富的产品是满足市场参与者多元化需求的基础

由于资金来源、投资期限、流动性偏好以及信息获取等方面的差异，投资者对于收益和风险具有不同的组合偏好。随着机构投资者和个人投资者之间的分层化发展，投资者的投资多元化趋势日益显著，为了吸引市场参与者的买卖委托，满足日益多元化的投资需求，交易所必须提供不同收益形态、不同投资期限以及不同风险收益组合的金融产品，以满足投资者、投机者、避险者和套利者等不同类型市场参与者的多元化需求，增加市场的吸引力和网络外部性，从而形成市场发展的正反馈效应。

（2）技术与系统的前瞻性成为交易所竞争的重要内容

作为市场运行的基础框架，交易系统与结算系统的优劣将直接影响市场的透明性、有效性、安全性、流动性和交易成本，进而影响到交易市场的运行效率和功能发挥。因此，技术系统的改进步伐和前瞻性已成为传统交易所竞争的核心所在，对低交易成本的需求迫使各交易所纷纷投入庞大资源进行交易、结算等系统架构的改进。纽约证券交易所前主席理查德·格拉索曾指出："你可以认为证券交易所变得越来越一无是处。但要想生存下去，交易所就必须不断运用新技术来改进系统架构。"

（3）产业整合帮助交易所获得规模经济效益

传统交易所行业是高度分割的，即使是证券交易所，也可以划分为买卖现货的证券交易所和买卖衍生产品的金融衍生品交易所。交易过程又被划分为交易、结算、存管等不同的运作环节，并由不同的机构分别提供相关服务。经济全球化进程对交易所市场整合提出了现实要求，高度分割的架构模式逐渐变得过时而缺乏效率，全球主要交易所纷纷通过产业整合来加强自身在国际市场上的竞争优势。

信息技术革命提升了传统交易所运营的最低有效规模，扩大了潜在的经济规模，电子交易系统的广泛采用又赋予了传统交易市场更多的网络外部性。在这种背景下，传统交易所可通过国内结构整合和国际市场并购，获取市场更多的规模经济和网络外部性，并通过正反馈效应来获得竞争优势。

（4）会员制向公司制转型成为交易所组织治理改革方向

交易所的竞争力需要一个运作高效的治理机制予以支撑和配合，但在传统的会员互助制度下，却存在着会员利益和市场整体利益相冲突、组织效率低下、因所有权封闭难以筹集资金实现业务扩张等一系列弊病。在激烈的市场竞争下，传统交易所的组织形式需要由会员制向公司制转变，通过股东多元化、分离所有权和经营权、改革董事会结构以及挂牌上市等途径，使交易所发展成为客户主导、盈利导向的商业机构。

2. 加密资产交易所竞争力分析

加密资产交易所与传统交易所不同之处，在于传统交易所经历了几十年甚至上百年发展，其交易的产品形态和内容、技术和系统、产业整合能力、组织和治理模式都已基本成熟，相对固化，因而很多改进都只是细节上的优化。然而，加密资产交易所是一种新的业务形态，整个产业还处于初步发展阶段，现阶段监管的缺失在一定程度上为加密资产交易所的行业发展提供了相对宽松的环境。加密资产交易所已逐渐成为区块链初期发展阶段的超级流量入口。

在加密资产领域，火币、币安、OKEX 等几个头部交易所积累了大量用户流量，掌控了大部分市场份额，垄断了大部分利润。经过近几年的发展和市场竞争，同时还涌现了一批功能性交易所。加密资产价格飙升，既为加密资产交易所带来了大量用户，也使得大量风投资本涌入加密资产交易所赛道，大大刺激了加密资产交易所行业的发展，加密资产交易所如雨后春笋般涌现。但是，诸多交易所也因系统安全系数低、维系成本高、用户流量小等因素，导致资金链断裂无法维持日常运营等原因，被淘汰出局。

现在加密资产交易所赛道竞争激烈，加密资产交易所要想占领一席之地，就需要深刻了解市场需求，全方位考查加密资产交易所所处环境，梳理出加密资产交易所的竞争力构成要素，构建独有的核心竞争力，不断进行战略调整，在业务形态、产品内容、技术架构、功能定位等方面超越其他交易所，才会拥有一定的竞争优势，在竞争中生存下来并逐步壮大。

在加密资产交易所快速演变过程中，其核心竞争力内容也不是一成不变的，必定随着交易所的发展而不断变化。目前对加密资产交易所核心竞争力在业内并没有达成共识，本文先分析影响交易所发展的外部因素，进而考查决定加密资产交易所外部因素发展的内在原因，由外到内、由表及里，最后再归纳总结加密资产交易所的核心竞争力。

（1）项目产品与合约设计能力

①项目和产品。

交易所最本质的资产是用户，为用户挖掘到优质的、有价值的项目，为用户提供交易服务，是交易所的基础服务。项目是交易所最直观可见的内容，优质的项目是交易所对用户的责任和义务，也是影响交易所发展及核心竞争力的体现。站在交易所角度，优质的项目能够持续地带来交易量、用户、收益和价值。目前交易所项目质量参差不齐，项目上所过程不透明，企业或个人在发行白皮书之后即可融资，投资者难以判断投资风险。另外由于缺乏对项目信息披露和项目进展的监督和管理，存在项目融资过程中破产或跑路等可能性发生，投资者难以挽回财产损失。

加密资产领域投资者除对不同类型的项目有偏好之外，对不同的交易产品也会有不同的偏好。交易所提供的加密资产产品种类也决定了交易所的市场深度和广度。交易所需要提供多样化的可交易产品，以满足交易者的多样性需求。在目前的加密资产交易所中，除了部分只进行主流加密资产的交易外，大部分交易所作为加密资产流通及ICO发行的中间人都提供了多样的加密资产产品及交易来满足用户对不同资产间灵活兑换的需求。

②合约设计能力。

交易所能够接纳哪些项目，能够提供哪些产品和服务，均受到其合约设计能力的制约。

传统交易所的合约是由交易所依法按照特定的规则开发、设计并经国家监管部门批准或认可上市的供投资者买卖的一种标准化契约。交易合约是交易所的最主要资源，开发和设计交易合约是交易所的基本职能之一。

传统交易所基于各自所处的不同的社会背景和制度约束，设计的合约制度往往会有一些差异，由此也带来交易所服务面向和吸引项目能力上的差异。比如采用 VIE 架构的中国大陆企业，由于此前港交所对同股不同权公司的限制，导致这类公司只能放弃中国香港而转向国外上市。如果这类公司要在 A 股上市，就必须先拆除 VIE，再加上审核排队，则需要耗费较长时间。

加密资产处于发展初期，其自身特点特色尚未得到全面呈现，其应用空间远未释放出来。现有加密资产交易所的合约设计，要么基于传统的证券交易规则，要么基于传统的期货期权交易规则，要么在以上规则基础上的改进，基本没有结合加密资产自身的特点特色进行，更谈不上通过合约设计，引领加密资产领域的发展。

加密资产具有未来发展方向和发展内容上的不确定性，因此，能够前瞻性地预见到加密资产项目的新形态和新内容，并能够结合这些特点特征进行针对性的合约设计的交易所，必将在下一步的加密资产项目争取、加密资产交易产品服务提供上占据极大先机，进而引领整个行业发展。

③好的合约设计能吸引到优质项目和流量。

好的合约能够吸引到优质的项目和大量的交易用户，为交易所带来交易量，同时也带来收益和价值。国内大部分优质互联网企业纷纷到美国纳斯达克上市，就可以说明好的合约对优质项目的吸引力。好的合约设计对外为交易所吸引优质项目的同时，还可以对内拓展产品服务种类，加大交易所交易深度，为市场参与者提供多元的市场参与维度。

交易合约对项目具有两面性。一方面，交易所通过合理的合约设计吸引优质项目，为用户提供交易服务并获得收入；另一方面，交易所也通过合约实现对项目的选择，通过对项目组织架构及运营方式的约束，保障投资者的利益。因此，在设计合约时，需要充分考虑市场环境、用户需求，对项目和产品各项指标标准化，利用交易所合约设计上的优势，吸引优质项目的加入，为用户提供高阶服务，扩大交易规模。

（2）流动性与技术保障能力

①流动性。

流动性是交易所核心竞争力中的一个重要指标。如果市场没有了流动性，没有了成交量，价格就没有了波动，开展交易也就失去了意义。没有流动性的交易所就没有存在的价值，所有交易所都希望能以最低的成本获得最大的流动性。

一般来讲，交易所用户越多，可交易的资产种类越多，成交量越大，交易所的流动性就越好，订单执行的效率也越高。良好的流动性也是价格稳定的保障，交易量越大，价格就越不容易受到单一订单的影响，价格也就更合理。流动性不足意味着市场无法有效消化当前的交易需求，尤其在存在大额订单时，交易价格立刻就会受到影响，加密资产价格也就容易受到操控。流动性对于用户而言，同样是交易体验是否友好、交易是否顺畅的前提基础。因此，用户在选择交易所时，都会选择成交量大、流动性好的交易所，这样才能顺利完成交易。

流动性是市场吸引大量符合供需双方价位订单的能力，是市场良好运转的重要特征。流动性高时，市场可提高投资者在实时价位附近进行大量交易的成功率和执行效率，树立交易参与者的信心。当前阶段，阻碍加密资产在全世界进行自由交易的一个主要问题是资产的流动性水平低，数量众多的加密资产交易所将加密资产市场分割成很多块，绝大多数交易所都只对应一种或几种加密资产，加密资产的流动性严重缺乏。

②技术保障能力。

无论是世界知名的大型交易所还是名不见经传的小型交易所，保障交易的安全、稳定、快捷，都离不开强大的技术支撑。技术是实现交易所所有功能的基础。

对于交易所面临的黑客袭击、系统故障、用户信息安全等问题，交易所需要通过特有技术，建立牢固的安全机制，以保障每一笔资产交易的安全、高效和稳定，保证每一笔资产交易可信、可追溯，阻止黑客的攻击行为，保证用户资产和信息的安全。在交易性能方面，交易所需要基于稳定可靠的技术保障，为客户提供高性能撮合服务，缩短交易时间，做到高可用、低延迟、高可靠、高并发，提升用户的交易体验。

技术的创新始终在加密资产交易所发展过程中扮演着重要角色。随着量化交易、高频交易、算法交易、闪电交易等新型交易工具的引入以及交易所市场份额的增加，用户对交易所的技术水平提出了更高的要求。交易所为了应对日益增长的性能需求，需要进一步通过技术革新，满足用户交易需求，降低交易成本，增加成交量，解决低效率、卡顿、黑客攻击、运行不稳定等问题。

③技术能力为交易所流动性提升提供了保障。

先进的技术是交易所的立足之本。传统交易所的电子信息系统经历了从无到有、从有到优的历程。技术的不断革新，促进了各类交易所的蓬勃发展。加密资产交易所也是通过技术的不断进步，在交易系统、撮合机制等方面进行改进，为交易所的流动性的提升提供技术上的保障。

交易所技术保障能力建设必须优先于交易所流动性的提升，否则，技术能力将成为交易所发展的瓶颈。为了应对各交易所日益增长的流动性对交易性能的需求，交易所需要通过对技术的改进，增加交易机制的多样化配置，提升交易撮合能力，精确设计各模块间的通讯和数据处理接口，增加系统动态管理功能，根据市场变化实时调整技术策略，以解决加密资产撮合交易平台各节点算力瓶颈，支持大数据高算力，支持海量并发，实现优越的撮合性能，以实现资源整合和业务提升，降低运行成本，提高运行效率。

（3）资产安全与风控能力

①资产安全。

交易所是一种特殊的组织形式。在交易所交易的资产总和，将远远高于交易所自身所拥有的资产水平。因此，确保资产安全是交易所面临的最重大课题，是保证加密资产投资与交易过程中的根本。包括 Binance、Mt. gox、Bithumb、Bitfinex 在内的许多加密资产交易所都曾遭遇大规模盗币。除了盗币以外，定向爆仓、老鼠仓、信息泄露也会对用户的利益造成巨大损害。个别交易所通过资金盘等模式圈钱跑路，更多的交易所虚假交易、操纵价格等不法行为成为普遍现象，这些问题直接损害了用户利益，败坏了交易所自身信誉，也对用户资产安全带来了直接的影响。

中心化交易所安全问题最为突出。中心化交易所交易撮合在链下，用户资产被集中托管在交易所，交易数据也不记录在区块链上。这些技术和制度上的安排，极易引发黑客攻击，还容易引发由人为因素带来的内部运营风险、商业道德风险、资产盗用等资产安全风险以及交易所监守自盗风险。

②风控能力。

加密资产交易所同传统交易所一样，运行过程中也会存在一定的风险，交易所的风控机制完善与否关乎交易所的存亡。特别是很多小型加密资产交易所并不具备风险管理能力，在发生各类安全事故时，不能及时处理，最终导致倒闭跑路。交易所面临的一切风险和影响安全的问题，在设计风控体系时都应该被考虑到，并有针对性地提出解决方法。

风控是交易所运营的核心内容，没有好的风控就没有安全稳定的交易。风控能力是加密资产交易所的最核心能力，目前加密资产交易所的风控至少包含对业务、财务、钱包、系统四个层面的风险管理，态势感知系统还需要能够对前后台用户进行行为感知和风险预判。

在纯粹技术层面，加密资产交易所要把控自身可能存在的风险，做到把控加密资产的底层逻辑，检查代码逻辑的完整性，妥善分类和保管私钥，定期进行离线签名检查。

在运营层面，加密资产交易所在面对外部因素导致的市场风险时，需要全面考虑市场突发风险，事先做好应对预案；监控交易所资金流动情况，对账户进行实时监控。加密资产交易所安全风控体系还需要顺应市场的发展而不断更新迭代，通过多种解决方案及备用方案来设计风控体系，同时提高交易所安全指数，为交易所安全提供强有力的保障。

③风控能力保障交易所资产安全。

早期的加密资产交易所资产被盗主要是技术上的缺陷。随着行业发展和技术成熟，加密货币交易所资产被盗，很大程度上是因为私钥管理不善，风控方面存在问题。加密资产交易所通过做好前期风控，可以将大部分安全风险阻挡在系统以外。

风险存在于整个交易过程中。交易的不确定性和信息的不对称性是风险管理产生的根本原因。目前黑客直接从交易所窃取到用户私钥的情况已经有所减少，黑客已经从攻击资产对应的私钥变为直接攻击项目方的数据库。交易所数据库的安全防控是薄弱环节，应当加强技术防范，确保资产的安全。

交易所在发展过程中应建立多元化的风险控制体系，对业务、财务、钱包、系统等层面进行风险管理，通过量化风险评估与管理，对前后台用户进行行为感知和风险预判，有效降低风险水平，保障交易所安全。另外，交易所还要有加密货币追踪及风险监控意识，做到在风险过后及时补救，最大程度上减少损失。

3. 面向未来的加密资产交易所竞争内容变化

目前加密资产交易所从技术实现上有两种主要类型，即中心化交易所和去中心化交易所。中心化交易所无论从数量上，还是市场交易份额上都占主导地位，但同时也普遍存在交易所“割项目方韭菜”、项目方“割散户韭菜”的非正常的价值生态传导链，更不用说还普遍存在的系统安全问题频发、内部人作恶、市场价格操纵、流量数据造假等问题。去中心化交易所虽然存在价值生态单一、交易体验差等问题，但随着技术的进一步发展和进步，去中心化交易所有望成为未来加密资产交易所的主导类型。

世界上主要国家也都加大了对加密资产的监管力度，一刀切禁止 ICO 或加密货币交易只能是一部分国家的权宜之计。尤其是随着摩根大通、高盛、Facebook 等全球性机构都计划发行自己的加密货币，越来越多的国家开始研究加密货币的机理和监管办法，一些国家已开始实施沙盒监管制度。目前加密货币交易在美国、日本、新加坡等一些国家已经有了合法合规渠道，加密资产交易所的竞争在未来很有可能成为国家间金融竞争的新赛道。从交易所的角度，加强合规建设、拥抱监管、强化技术、完善制度机制建设，将成为所有致力于长期发展的交易所的共同选择。

目前加密资产交易所自身形态还在快速迭代演化中，无论是外部面临的整个加密资产市场环境、国家监管政策的变化、用户对交易所产品服务多样化的需求、众多投资者对交易所作为价值交换场所的职能回归要求，都要求目前的交易所形态必须发生根本性改变。同时加密资产交易所的形态是不稳固的，更不会是未来的加密资产交易所形态，其不健康不正确不可持续的表现必将会快速改善。加密资产交易所行业将从无组织的草莽阶段向行业自律阶段进化。未来的加密资产交易所在职能定位、业务形态、安全措施等方面都将会有新的突破，其核心竞争力指标也会有完全不一样的内容。

（1）项目和产品依然是竞争力最直观的体现

目前，一些传统金融机构已经进入到加密资产领域。纳斯达克 CEO 表示，一旦加密货币市场变得成熟，相关监管也完善起来，该公司将考虑向加密货币交易所转型。德国第二大证券交易所斯图加特证券交易所宣布将上线瑞波币和莱特币交易所交易票据。另外，一些全球顶级银行，包括高盛和摩根大通在内，也披露正在为对加密资产感兴趣的客户提供服务。传统交易所和金融机构的介入，必将在加密资产交易的深度、广度、产品和服务多样化等方面对现有加密资产交易所提出新的要求，加密资产交易领域的竞争将更为激烈。

项目的竞争始终是交易所竞争最激烈的领域。香港联交所当年为争取阿里巴巴在港上市，甚至掀起是否要修改运行了几十年的规则制度，交易所在优质项目争取方面的竞争激烈程度就可见一斑。在加密资产交易所的未来发展中，优质的项目依然是交易所的立足之本，是交易所流量和利润的主要来源。创新性的优质资产始终是投资者和行业从业者关注的焦点。不断挖掘到更多有价值的优质项目，非常考验交易所的整体资源协调能力以及运营统筹能力。交易所持续地挖掘到高价值的优质项目，做到比竞争对手更早发现优质项目，才能让投资者获得利益，吸引新用户。

产品的竞争是交易所差异化竞争的另一个方面。在全球交易量排名靠前的交易平台中，除了部分加密资产交易平台只进行主流加密货币的交易，其他交易平台在交易币种上已经有了多样化的选择。但是目前加密资产交易所创新力不足，产品结构单一、种类丰富程度不够，尚无法满足投资者需求，限制了投资者的选择空间，更不要说引领行业发展了。加密资产交易所要在市场中取得竞争优势，必须持续不断加大对交易产品的创新和研发。

（2）去中心化交易所崛起后资产安全将成为交易所基本功能

目前，市场上去中心化交易所的数量还是少数，中心化交易所依旧是加密资产交易市场的主力军。但中心化交易所存在的信息不透明、资产不安全、平台不合规、隐私易泄露、易被黑客攻击和非法盗用客户资金等问题，推动了去中心化交易所的出现。去中心化交易所用户对自己的资产拥有绝对控制权，技术层面的黑客攻击只能由集中式攻击交易所改成针对分散式的个人账户进行，黑客的攻击成本和攻击难度骤升。去中心化交易所最大程度保证了交易所的安全，是加密资产领域交易所发展的趋势和必然。

当去中心化交易所成为市场主流，交易所基础设施将逐步完善，通过技术手段确保资产安全也将成为交易所基础设施中的必需品，而不再是核心竞争力内容。例如现在的工、农、中、建四大行，安全性均已经发展到极高的水平，很难再将托管资金的安全性作为核心竞争力来扩大市场份额。在加密资产交易所基础设施越来越完备、技术越来越成熟后，其安全性能将得到极大提升，交易安全性将成为交易运行常态，黑客攻击和监守自盗状况也将通过技术和规则上的完善，越来越成为历史，通过保证交易安全获得竞争优势的局面将一去不复返。

（3）交易系统研发能力将成为持续性竞争要素

随着市场竞争的加剧，加密资产种类的不断增加和市场容量的不断加大，交易所的交易系统将面临更大的考验。拥有交易系统的自主开发能力和自主知识产权将是未来加密资产交易所的一个重要的竞争力要素，该要素能够使交易所在技术升级和系统改造中掌握主动性，在众多加密资产交易所中脱颖而出。

交易系统的核心功能是将买卖双方的交易需求和委托流量聚合在一起，通过一定的交易规则产生交易价格。交易成本是投资者在投资时首先关注的内容，低成本的要求迫使交易所进行交易、结算等系统架构的改进。先进的交易系统能够使交易所接触到更为广泛的投资者，满足投资者的多元化需求，使投资者灵活的设计和调整交易策略，提高交易速度，减少交易时间。

加密资产交易所除了在内部改进交易系统，提高交易系统的连接性、灵活性，降低交易时间，在外部还可以与其他交易所组建共用的交易平台，参与整合的交易所共享交易和清算系统。这将是交易所由单一职能到开展多领域应用、由割裂状态向全面融合的转变。这种转变，将推动交易所与交易所之间的订单和流量共享，实质性推进共赢的统一交易市场的出现，最终建立起全球统一的加密资产价值市场，实现价值的自由流动。

4. 加密资产交易所面临的灰犀牛风险和重大机遇

当前，很多交易所选择把服务器搭建在对数字资产比较友好的国家，在这些国家开展合规建设，但交易所的大部分交易者还是来自于中国以及美国这些人口和经济大国。未来当中国和美国这些人口和经济大国批准了加密资产交易所合规建设，把服务器搭建在其他国家的交易所将面临大规模的用户流失。这是所有加密资产交易所不得不面对的灰犀牛风险。

加密资产市场前景广阔。尽管加密资产交易所在数量上已经远远超过目前实际需要，但加密资产交易所在对加密资产新领域拓展的引领和创新方面远未发挥应有的作用，在产品和服务开发方面，也还有大片新领域新空间亟待开发，面向未来的加密资产交易所新形态正蓄势待发。同时，加密资产交易所不仅是各种加密资产流转流通和价值兑换的中转站，也将成为未来各种数字资产流转流通和价值兑换的中转站，其未来的发展必将是多层次和全方位的。

当前，很多传统交易所也在快速进入加密资产市场，加密资产交易所领域未来的竞争必将越发激烈，竞争也将在更广阔的维度上开展，是更加系统性和全面性的竞争。

（四）加密资产交易所面临哪些风险

加密资产交易所同传统交易所一样，都是发展到一定时段的产物。随着区块链技术的出现和发展，比特币、以太坊等基于密码学和现代网络技术的加密资产大量涌现以及投资者对加密货币交易的需求，促使了加密资产交易所的诞生。

交易所自17世纪开始形成时期，就存在着各种不确定性，运行过程中也会存在一定的风险。对于加密资产交易所，风险同样不可避免。尤其是近些年，加密资产交易所跑路、遭受黑客攻击事件时有发生，且由于加密资产的匿名性，交易所容易成为洗钱、掩饰犯罪的工具。主流加密资产交易所在系统的安全方面做出了许多努力，如火币通过设置平台、账户、钱包、内控管理等多层安全防护系统来减轻风险。OKcoin在安全保障方面，采用银行级SSL安全连接、冷存储、GSLB和分布式服务器、比特币充值实时监控和到帐，保障投资者的交易安全。国际上一些加密资产交易所正在使用人工智能（AI）等新技术来帮助其安全工作，并使用持续监控其网络可疑活动的技术。

但从市场的发展情况来看，虽然加密资产交易所在系统安全方面做出了一些努力和新的尝试，但也没有很有效的安全解决方案以彻底解决系统的安全性问题。同时行业监管的不确定性，使得加密资产交易所面临着更多的风险，生存受到挑战。对加密资产交易所面对的风险进行防范尤为必要。

交易所风控机制的建立与完善关乎交易所的存亡，因此理清加密资产交易所存在的风险，对建立完善的风控机制具有重要作用，既有利于交易所安全平稳运行，又有利于保护投资者的合法权益，促进金融市场稳定健康发展。

1. 加密资产交易所面临哪些风险

风险最主要的特征是不确定性，是指由于各种不确定性因素导致行为主体蒙受损失的可能性。总的来说，交易所面临的风险可以分为系统性风险和非系统性风险两种。

（1）系统性风险

无论是传统交易所，还是加密资产交易所，均存在系统性风险。系统性风险也被称为市场风险，该风险造成的后果具有普遍性，对市场上所有参与者都有影响，无法通过分散投资来加以消除，所以又被称之为不可分散的风险。政策风险、经济周期风险、购买力风险以及政治风险都是系统性风险。

目前，加密资产交易所面临的系统性风险主要是政策风险。

政策风险是指政府部门对加密资产交易所或相关行业制定的相关政策发生变化而产生的风险。国家与投资者以及交易所之间由于政策的存在和调整，在经济利益上产生矛盾，从而产生政策风险。政府的经济政策和法规出台或管理措施的变化，可以影响到公司利润、投资收益的变化；交易政策的变化，可以直接影响到资产价格的变动，引起市场整体范围的较大波动。

加密资产行业起步晚，缺乏健全的法律法规体系，全球各国的监管政策和措施也不尽相同，处于动态监管之中。加密资产行业监管的不确定性，大大增加了加密资产交易所的风险。一旦相关政策有变动，大部分加密资产的价格和交易量都会出现波动，从而给交易所带来风险。

如 2017 年 9 月 4 日，中国人民银行等七部委发布《关于防范代币发行融资风险的公告》，紧急叫停 ICO 活动，同时采取措施要求交易所于 9 月 30 日前彻底关停其在中国境内的所有交易活动。中国政府出台政策，明确禁止加密资产的发行与交易，加密资产行业出现剧烈震荡。经过清理和整治后，以人民币计价的虚拟货币的交易量一度从全球交易量的 90% 下降到不足 1%，政策的执行导致交易所纷纷关闭。

（2）非系统性风险

非系统性风险又称非市场风险或可分散风险，通常是由某一特殊的因

素引起

①技术风险。

所谓技术风险，是指交易系统发生故障，导致交易所无法正常开展业务活动，给交易所日常运行带来不便以及损失。技术风险即包括信息技术层面，投资者交易数据被破坏、修改、泄露等，也包括因软件设计缺陷，给投资者造成损失的风险。

目前加密资产交易所在技术方面面临的风险主要有两种，一是信息系统安全漏洞，二是智能合约安全漏洞。

对于信息系统安全漏洞，加密资产交易所和传统金融机构差别不大，其整个信息系统，由 Web 服务器、后端数据库等部分组成，用户通过浏览器、移动端 App 以及交易所提供的 API 等多种方式作为客户端访问服务器。此时，交易所面临的安全威胁主要包括：服务器软件漏洞、配置不当、DDoS 攻击、服务端 Web 程序漏洞（包括技术性漏洞和业务逻辑缺陷）、办公电脑安全问题、内部人员攻击等。很多交易所没有灾备级系统认证，在发生火灾、地震、洪水时，投资者数据一旦丢失，后果不堪设想。此外，加密资产通常存储于在线钱包中，但由于目前市场上并没有相应的钱包技术准入标准和技术服务等要求，如若发生设备丢失或损坏，则会导致较高的技术安全风险。

加密资产发行、流通和结算均是通过计算机网络来完成，从加密资产产生到交易完成非常依赖于网络安全和计算机技术。现有的加密资产尽管采用标准的密码学技术，但由于设计缺陷或其他原因，加密资产仍具有较高的失窃风险，缺乏技术保障，往往成为黑客攻击对象。加密资产交易平所遭受黑客攻击以及用户账号被盗等事件时有发生。如在 2018 年 3 月，黑客在 Binance 交易所平台利用盗取的用户信息进行大量交易操纵市场行情获利超过 1 亿美元。攻击者利用钓鱼欺骗的方式骗取了部分用户的认证凭证，继而利用 API 发起大量交易，将用户账户内的其他币种交易成比特币，并利用其控制的大量场内比特币操纵市场，影响其他币种的价格，再在另外的加密货币期货交易所进行做空操作，最终在无法提币的情况下获利超过1亿美元。

加密资产交易所的智能合约也会不可避免地存在安全漏洞。不同的是，由于区块链技术的不可篡改特性，一旦合约部署好之后，就很难再修复其中的问题。一些存在例如整型溢出等漏洞的代币分发合约部署之后，代币上线交易所交易，接着漏洞被触发利用，可以短时间内超发大量代币影响市值，对交易所和用户来说都会造成巨大的经济损失。2016年6月，以智能合约形式运行在以太坊区块链上的项目The DAO由于代码漏洞而受到黑客攻击，导致价值高达6000万美元的以太币被窃取。

这部分安全威胁，与传统的信息安全漏洞不同。在传统金融市场中，也存在类似的攻击，例如20世纪末期亚洲金融危机时，索罗斯对港元的操作。不同的是，在传统金融市场要发动这样的攻击，需要巨量的资金支持才能实现。而在加密资产领域，凡是拥有挖掘合约漏洞能力的人，理论上都有可能实现这样的攻击。

②道德风险。

道德风险是指加密资产交易所经营者为使自身利益最大化，采取损害投资者利益的自私行为。技术风险一定程度上是可以防范的，但道德风险是最难预防的。加密资产交易所的道德风险主要存在于中心化的加密资产交易所中。中心化交易所的资产托管并没有使用区块链技术，不具备不可篡改、可溯源的特性，用户需要先把资金转入到交易所开辟的专门账户中，用户对自己的资产没有控制权。这与传统交易所有很大的相似之处，但传统交易所的资金实现了第三方托管，加密资产交易所没能实现第三方托管。

此外，加密资产交易规则由加密资产交易所制定，其对资产价格的涨跌幅限制、提现与充值时间、手续费高低、对交易量和价格行情的公布，直接影响某一加密资产的价格走势，影响投资者的投资决策和收益。且加密资产投资者依赖交易所进行买卖，而交易过程是否顺畅，与交易所的运行管理及技术支持密切相关。由于目前加密资产交易所管理者可主观操控交易的运行过程，致使在交易过程中有可能存在平台故意出错或故障，导致交易的失败以至损害投资者利益的情况发生。

中心化加密资产交易所信息不透明、不对称，加之主体权益不一致，很容易发生交易所内部人员做出不利于其他投资者的行为。如加密资产交易所或者大型庄家会集中资金优势或者利用信息优势联合操纵交易价格；以自己为交易对象，自买自卖，影响交易价格和交易量，篡改交易数据进行误导和欺诈投资者，影响交易量和交易价格。此外也有部分交易所会与加密资产发行者勾结，以获取更多利益。如 2013 年 10 月，注册地位于中国香港的 GBL 平台跑路，卷走资产金额超 2000 万元人民币；自称账户设立在美国的“Bitfloor”在宣布价值 25 万美元的比特币被盗后，也于 2013 年 4 月宣布关闭交易。

加密资产交易所的道德风险主要体现在价格被操纵，从业人员参与交易等行为等方面。近些年，内部人员盗取用户存放在平台里的加密资产这类事件的新闻报道增多，如韩国加密货币交易所 Coinbin 员工盗用公款后，使交易所债务增加，面临破产境况。据悉，负责该交易所加密货币存款的 Coinbin 高管、Youbit 前任 CEO 监守自盗，自 2017 年 11 月盗窃了一个存有 100 多个 ETH 的钱包私钥，但谎称私钥丢失；2019 年 3 月，韩国加密资产交易平台 Bithumb 通过监控系统发现“异常支出”，虽然立刻关闭了平台的充值及提币通道，但已经被转出了 300 多万个 EOS，损失超过 1300 万美元。而韩国 Bithumb 被盗窃的原因是交易所内部人员窃取了冷钱包私钥，实施了资产转移。

③法律风险。

所谓法律风险，是指各个交易所以及相关人员在经营相关业务中，违反国家法律、行政法规和相关市场监管部门规定，从而受到法律的制裁而使交易所遭受损失。法律风险包括了外部风险和监管风险。外部风险是指交易所违反监管规定和原则而招致法律诉讼或者监管处罚，进而不利于交易所正常运营的风险。监管风险是指由于法律或监管规定的变化，影响交易所正常运营或削弱其竞争力、生存能力的风险。

目前加密资产交易所面临业务违规经营现象非常普遍。加密资产交易平台发展时间较短，相关的管理和监管部门的规定还相对滞后，多数交易所为谋取利润、规避监管，存在超范围经营、违规开展配资业务、违规开展融资融券业务等现象。如加密资产交易所未依照法定程序报有关部门批准，在不准许ICO融资方式的国家以发行加密资产的方式向社会公众筹集资金，并承诺在一定期限内以货币、实物以及其他方式向出资人还本付息或给予回报的行为。

同时，加密资产交易所还存在违反期货交易相关法规的法律风险，比较有代表性的是OKcoin开展的合约交易业务，该业务具备期货交易的各种特点却又不具备完备的保证金制度、当日无负债结算制度、涨跌停板制度、持仓限额及大户报告制度等，投资者的风险无疑被大大加大。中国《期货管理条例》规定，“未经国务院批准或国务院期货监督管理机构批准，任何单位或者个人不得设立期货交易场所或者以任何形式组织期货交易及其相关活动”，以OKcoin为代表的加密资产交易所开展的期货业务完全是自主开设的，虽然具有一定的创新性，但其违反法律的风险也是确实存在的。

加密资产交易所面临的金融犯罪风险可能性较高。加密资产交易所需要切实履行客户身份识别、客户资料保存、可疑交易上报等义务。很多盗窃、贪污、贿赂等犯罪分子利用平台进行洗钱诈骗、非法集资等犯罪行为均以交易所平台为依托，与交易平台经营管理息息相关，其中由平台用户产生的多为洗钱犯罪。这些金融犯罪行为不仅会损害加密资产的市场形象，影响其价格预期，还会给加密资产交易所带来法律风险，影响交易所的进一步发展。

④监管风险。

区块链等新技术的兴起带动了加密资产及其相关领域的发展，但资产价格高波动性和无序发展导致整个市场投机色彩浓厚，给洗钱、恐怖融资等犯罪活动带来便利，欺诈发行、庄家控盘等问题频出，损害了投资者合法权益，引起全球各国政府的警惕。韩国、印度、印度尼西亚等禁止了部分加密资产业务，日本、美国、新加坡、中国香港等探索构建加密资产监管框架，俄罗斯、瑞士、马来西亚等对加密资产相关业务予以密切关注和风险警示。

虽然全球主要经济体对加密资产相关领域的监管态度存在差异且处于动态变化之中，但对潜在风险均予以高度关注和持续揭示，且随着加密资产规模、影响和风险的扩大，监管政策相应呈收紧趋势。这种趋势，使得加密资产交易所的监管风险面临着更大的不确定性。

此外还有税务风险。部分加密资产交易平台采用加密资产收取交易手续费及其他费用，再通过提币进行加密资产交易，减少账面收入，以逃避相应的税收监管。

⑤其他风险。

操作风险。操作风险主要是指由于加密资产交易所不完善或有漏洞的内部操作过程，人员、系统或外部事件导致的直接或间接损失的风险。

经营风险。经营风险是指加密资产交易所的决策人员和管理人员在经营管理中出现失误而导致交易所盈利水平变化从而产生投资者预期收益下降的风险。

流动性风险。流动性风险是指加密资产交易所不能及时以合理价格成交的风险。目前加密资产交易所平台用户活跃度、平台行业地位远不及传统的证券交易所，特别是小型中心化加密资产交易所和去中心化交易所，其流动性更差，面临的流动性风险相对较大。

信用风险。加密资产交易所信用风险主要是指投资者在平台上进行数字货币的充值、转账、提现等交易时，平台未履行应有义务对投资者造成损失的风险。信用风险的具体表现有交易无法顺利达成、提现速度变慢等，不仅浪费投资者时间，使得投资者无法准确判断行情，且有可能耽误投资者最佳投资时机，致使投资者对加密资产交易所的信用产生质疑。

需要说明的是，上述所列的风险并不是全部。根据风险形成的原因，加密资产交易所面临的非系统性风险是多种多样的，交易所的管理水平、发展战略、经营决策、财务状况、团队变化等任何因素的不确定性都可能使加密资产交易所的生存受到威胁。

2. 加密资产交易所的风险控制现状

加密资产交易所具有很强的涉众型，由于处于监管真空，在加密资产行业的链条中，交易所的风险非常集中。目前加密资产市场普遍面临着法律缺失、监管真空、利益驱动、价格高波动、投机过度、资产流动性低、信用体系不完善、恶性竞争等风险。加密资产交易所面对的系统性风险和非系统性风险，反映在实际具体层面，则表现为多而复杂，稍有不慎就会引发致命性危机。

目前的加密资产交易所在风险防范方面完全赶不上传统交易所。传统交易所历经几十年甚至上百年发展，其交易的产品形态和内容、技术和系统、组织和治理模式都已基本成熟，交易所的风险控制机制设计也较为完善。现有加密资产交易所发展时间短，发展不完善，大多数在制度上都存在漏洞，且内部管理松散，风控经验严重不足。且在没有监管机构对经营者的资金与虚拟财产托管、网络安全标准、反洗钱机制以及信息披露等基本规范提出要求的情况下，各加密资产交易所长期以来完全依靠自身道德自律维系运营，缺乏相应的风控意识、风控技术、风控人才和风控手段。

目前加密资产交易所的风控现状主要体现在以下几个方面。

（1）风控意识薄弱，风控能力不足

加密资产交易所易成为黑客们攻击的首选对象，早期主要是技术上的缺陷。交易所保存的资产数额大，系统安全性相比传统银行低，黑客攻击成本低，能获取的利益大。随着行业发展和技术成熟，加密资产交易所资产被盗，很大程度上是因为私钥管理不善等内部风控管理方面存在问题。背后主要原因在于大部分加密资产交易所通常是由互联网科技公司发展而来，而不是专业的金融机构，在网络安全和风控方面知识匮乏，安全文化和风险防范意识比较差。

此外，由于缺乏相关交易规则制定经验，在开展复杂的金融衍生产品交易，面对期货等金融衍生品交易高风险以及复杂的交易规则时，加密资产交易所往往不具备识别和预防平台发生相关安全事故的能力。

特别是很多小型加密资产交易所并不具备风险管理能力，在发生各类安全事故时，不能及时处理，最终导致倒闭跑路的情况非常多。如在加密资产交易所面临黑客攻击时，普遍缺乏有效的应对方式。通常选择暂停所有的充提币业务，部分交易所会按照一定的规则用自我资金给予用户相应的补偿。但也有被黑客攻击的交易所，通过撒谎来逃避承担用户损失。

此外，加密资产市场竞争程度激烈，交易所通常将大部分技术、资金、人员等用于交易所的日常运营，以获取市场的一席之地，致使在风控方面投入不足，风控能力不强。

（2）风控侧重于安全，风控内容不健全

据统计，2018 年交易所被盗的加密资产数量比 2017 年增加了 13 倍，意味着每天有 270 万美元的加密资产被盗，即每分钟就有 1860 美元被盗。随着 2018 年黑客攻击数量创下历史新高，频频发生的安全事故不断消耗着用户对中心化加密资产交易所的信任，加密资产交易所的安全需求比以往任何时候都更加迫切。

因此如何保障加密资产的安全性成为加密资产交易所面临的首要问题。剑桥大学 Judge 商学院发布的研究报告表明，加密资产交易所的安全团队平均占团队总人数的 13%，平均花费 17% 的预算用于保证交易所安全运行；且有 70% 的交易所聘用了外部安全团队，在外部密码审核、多重签名钱包、两步验证等方面展开合作。可见加密资产交易所采取的风控措施侧重于安全，且主要从技术的角度进行风控处理，而相对的在其他方面的风险控制就做的相对较少，风控内容不健全。如对于中心化交易所的资产安全管理，除了技术上的缺陷，人为等内部因素造成的隐患也非常大。加密资产交易所的风险不仅仅是技术层面，内部道德风险远比外部的技术攻击更难防范。加密资产交易所针对风险的防范应该是全面的，诸如传统交易所进行风控时会考虑一切风险和影响安全的问题，且在风控内容上不只针对安全内容，同时还关注财务风控、资产管理风控、交易策略风控、产品风控、人员风控等内容。

（3）风控体系缺失

在现代金融风险管理中，完整的风控体系应该以运作合法合规、有效和信息通畅为目标，涵盖管理和控制文化、风险的有效识别和评估、控制活动和责任分离、信息和交流等多个方面的内容，在风控的维度上注重风险的全面管理和定量的风险管理。

目前加密资产交易所全面风险管理系统是缺失的。首先体现在风控内容的不健全，其次是风险管理制度在设计上的缺失，最后是缺少相关的风险控制模型。这与现有交易所普遍面临发展时间短、内部组织架构不完整、内部管理松散、人员专业性不强、缺乏风控经验等因素有关。

加密资产交易所作为一种新兴交易平台，缺少外部监管，行业自律性管理远远不足，交易所仅靠自身的道德观念来管理风险，在风险管理的深度、力度、广度上是远远比不上传统交易所的。如加密资产交易所存在客户资产的安全管理不善、系统安全技术不成熟、风险管理组织架构不健全以及内部风险控制系统缺失等问题，也缺少加密资产上市交易以及退市标准、投资者市场准入机制、投资者保护制度等交易规则的设计。此外，传统的风险测度模型、风险实时预警与处理等量化风险管理目前很难应用到加密资产市场。

随着加密资产行业的发展与完善，风控能力的强弱将成为加密资产交易所发展的核心竞争力之一，这是作为金融资产面临风险必须要有的一套设计。加密资产交易所面对发展的正确做法是建立完整的风险控制体系，对业务、财务、钱包、系统、管理等层面进行整体风险管理。

3. 加密资产交易所的风险控制主要建设内容

风控是交易所运营的核心内容，没有好的风控就没有安全稳定的交易。风控能力是加密资产交易所的最核心能力。传统交易所为防范和应对风险，采用了不同的风险防范机制。如证券交易所常用的全额交易结算资金制度、风险基金机制；广泛用于期货交易所和商品交易所的保证金制度。其他诸如价格限制制度、限仓制度、大户报告制度、强行平仓制度、强制减仓制度、结算担保金制度以及风险警示制度也都被选择性地运用到各类交易所中。

鉴于加密资产交易所与传统交易所的不同以及其面临风险的多样性，其风险控制机制的设计，需要针对加密资产交易所自身特点进行设计，虽然不能全部照搬传统交易所的风险防范模式，但加密资产交易所的风险控制思想从整体角度至少需要做到以下几点。

（1）交易所合规化

加密资产交易所作为一种新型的业态，是加密资产交易的枢纽，准入门槛较低，不确定的监管政策以及法律法规缺失，给加密资产交易所带来严重的不确定性和风险，导致了整个交易所市场鱼龙混杂，安全事故频频发生，破坏了市场稳定性，信用环境也遭到了恶化。人们对交易所安全等方面的需求越来越迫切，交易所合规化的呼声越来越高。

加密资产交易所设立要具有合规性。在不确定的环境下，加密资产交易所拥抱监管、拥抱合规，按照监管政策合规合法的经营是减少政策风险和法律风险的必要条件，加密资产交易所的发展与合规也是相辅相成的。加密资产投资属于高风险性投资，加密资产交易所有其自身的风险，交易所的稳定也是风险之一。严格的市场监管，交易所的合规运营，会降低交易所的诚信风险、道德风险、操作风险，有效的抑制市场投机，使市场稳健运行。

目前拥有加密资产交易牌照的国家比较少，知名度比较高的是美国。美国证监会表示，被承认的数字资产交易所必须与证券交易所做同样的合规，而且对政府和公众完全披露技术细节和财务风控原则，也应该预留可被审计的保证金，美国的数字资产交易所需要与现有的金融交易所或者合规机构共同持牌并受监管。全球范围内的主要加密资产交易所，尤其是大型的加密资产交易所都在积极地争取全球范围内的交易所牌照，以满足交易所运营资质的合规要求，提升自身竞争力。如火币申请获得了美国 MSB（Money Services Business）牌照。同时，努力使自身的具体业务经营达到监管的合规要求，如对投资客户进行合格投资者认证、反洗钱措施等。

（2）交易所规则健全化

传统交易所如伦敦金属交易所 LME，由于制定的相关规则非常疏忽及松散、市场的不透明及监督不力导致了“住友铜事件”的发生。过去众多没落的加密资产交易所，也有不少是由于交易规则设置不完善、技术架构过于简单等自身问题造成的。

交易所的一线监管是市场风险监管的重要组成部分，而交易所日常的自我管理及风险控制是严格通过章程、规则和办法进行的。健全的交易所规则不仅能够防范交易所内部交易可能遇到的风险，也能够有效控制市场的操纵风险，维系市场的健康发展。

交易所应该对自身平台上的一切交易活动，制定完善的交易流程，执行严格的交易规则，对显著影响数字资产交易价格的异常行为予以重点监控；对违反交易规程和交易流程的交易行为及时进行处置；对因不可抗力、意外事件、技术故障或其他异常情况导致部分交易或全部交易不能进行的，需事先做好预案，包括在规则中明确停市条件。

交易的不确定性和信息的不对称性是风险管理产生的原因之一，交易所应完善信息披露制度体系建设，加强自律监管。制订资产信息披露、执行标准、临时报告等规范性文件，按时进行信息披露。针对定期报告、日常监管及风险排查中发现的问题，加大监管力度，对未能勤勉尽责的市场主体及其从业人员，严肃追责，不断提高监管效能。

优化风险管理机制，完善风险处置规则，强化监测、预警、处理等能力，并及时化解信用风险，将可能遭遇的风险控制在可接受的范围内。针对不同类型的核心风险指标实施分类核查，相关指标明显异常的，要求管理人补充披露具体原因、对收益分配的影响及风险应对措施等信息，避免因不可预期的风险造成严重损失。

（3）风控体系的搭建

交易所的系统性风险是由政治、经济、社会等外部环境造成的，具有普遍性，交易所不能对其预知及掌控。交易所在面对外部因素导致的市场风险时，需考虑一些市场突发风险，事先做好应对预案；监控交易所资金流动情况，对账户进行实时监控。加密资产交易所安全风控体系还需要顺应市场的发展而不断的更新迭代，采取多种解决方案及备用方案来设计风控体系，同时提高交易所安全指数，为交易所安全提供强有力的保障。

在面对非系统性风险时，加密资产交易所需通过加强自身风险管理，通过把控自身可能存在的风险，降低非系统性风险带来的危害。交易所可以通过构建多层堡垒机制、建立相互制约机制、多层次审批等机制，做到把控加密资产的底层逻辑，检查代码逻辑的完整性和严谨性问题，做好安全硬件，妥善分类和保管冷私钥，定期进行离线签名。针对黑客行为，可以收缩受攻击面、严控 API 接入，并购买保险。

交易所的监管法规、措施是实施风险控制的必要条件，但不是决定因素。影响交易所防范风险的关键因素是交易所自身风险防范机制的完善，即交易所能不能在出现风险时有效、及时地执行有关监管措施，做到及时发现问题、及时解决问题。这就需要交易所建立风险控制的体系。

类似于传统金融机构的分控体系构建，加密资产交易所风控体系在内容上也需要包括以下几个方面的内容。

一是加密资产交易所缺乏有效运作机制和组织制度的保障，需要构建高效严密的风险管理组织架构。制定风险管理的方针，界定各职能部门职责，明确风险的指代内容以及风险发生后责任的划分，定期或不定期的业务审计等内容都依赖于管理组织架构的搭建。

二是建立有效的内部控制系统。健全的内部控制体系是防范风险的关键之一，是风控体系能否真正发挥控制作用的重要组成部分。建立内部控制系统的目标是要建立一个由系统、钱包、业务、财务等多层面构成的严密的内控系统，以便为交易所和相关员工建立一套完整的内在和外在行为约束机制，并根据内部控制的管理技术要求进行相应的制度、机构、职能设计，从而构成一个有机的控制系统。

三是运用先进科技构建全面风险管理系统。如何制定和完善各种风险管理的制度与措施，是整个风险管理体系中的关键环节。全面风险管理系统的构建离不开现代信息技术的运用。运用现代信息技术，构建开放、高效的全面风险管理系统，通过先进的数理统计风险计量模型和系统，针对加密资产交易所在各个业务层次的信用风险、道德风险、操作风险等，进行全面有效的识别、计量、监测和控制。

四是高素质人才与风险管理文化的创建。第一，实现有效的风险管理，人是管理的关键。加密资产市场知识含量高、技术性强，要求从事风险管理的人员熟悉整个交易所运作的架构、流程和使用的技术，而且需要具有敏锐的洞察力，超强的专业性，能够及时发现风险，认识风险发生处理过程中的高度复杂性，并进行有效控制。第二，风险管理文化也是内部控制体系的重要因素，目前的加密资产交易所风险管理意识薄弱，在实际工作中，风险管理机制易受到疏忽和冷落，风险管理文化的培养有利于控制系统、交易机制等真正发挥应有的作用。

有效的风险控制必须适应风险环境，并渗透在交易所经营活动的各个环节和各个层次。在传统金融体系中，由于治理结构的复杂性与中心化属性，风险的管理往往不能独立运作，缺少一种信任机制，而且风险控制是缺少有效的激励机制的，交易所的基层员工和各类投资者缺乏参与风险治理的意愿和动力。而在加密资产市场，由于中心化交易所存在的信息不透明、资产不安全、平台不合规、隐私易泄露、易被黑客攻击和非法盗用客户资金等问题，使得去中心化交易所会逐渐成为加密资产领域交易所发展的必然。随着交易所由中心化向去中心形态的改变，交易所的风险治理将具有更高的行业信任度，且通证经济作用发挥贯穿在整个市场，通证自带的激励属性使得交易所市场的生态成员能够自觉地参与到风险控制当中，更有利于减少风险的发生。加密资产交易所的去中心机制和通证的使用，有利于风控体系更好地发挥作用。但需要清楚的是，风控体系的建立仅仅是有效风险管理的第一步，作为新型的交易所的一种，加密资产交易所风控的完善与提升，还有很长的路要走。

后记

从中心化他组织到去中心化自组织

经常有人要求我用几句话简单解释一下到底什么是区块链。这个要求确实把我难住了。后来参加一次学术性的圆桌论坛，主持人也要求每位嘉宾用一句话总结下什么是区块链。我想了半天，最后说了两句话：第一句话是区块链是一场伟大的革命；第二句话是太阳底下没有新鲜事。

如果区块链是一场革命，那么一定会对人类社会生产生活产生颠覆性影响。如果这场革命是伟大的，那么对人类社会生产生活产生的影响就一定是正向且影响深远的。所谓太阳底下没有新鲜事，是指区块链对人类社会生产生活产生哪些影响，是一定能够用简洁的理论解释的，而不是不可知的。

2008 年，我还在大学里面从事密码与信息安全领域的教学和科研管理工作。作为一名专业人员，我很快就读到了中本聪那篇后来被称为创世纪的白皮书。但当时以一名专业技术人员的眼光，我并没有看到这篇白皮书有什么创新的地方，因此也就没有对这套比特币系统的设计有更多的关注。

2015 年，后知后觉的我发现全世界都开始重视比特币，开始重视比特币底层的技术体系，也就是区块链。这一现象引起了我的关注。因为在这之前，同样一个在我看来没有多少技术含量的东西，竟然几乎颠覆了人类生活的所有方面，这一现象深深震撼和教育了我。

这个东西就是手机，也就是现在的移动互联网。现在生活中人们几乎都无法再离开智能手机，但从一名IT人员的角度，我始终认为智能手机在技术上并没有多少本质性的突破。当然，在最极致的地方，比如CPU、内存、硬盘的尺寸、散热这些地方，确实需要很多技术突破，但从操作系统到应用软件，并不存在本质上的技术创新。但由于智能手机的便携性，创造了移动互联网，颠覆和重构了很多与人们生活息息相关的行业。从购物，到出行，到娱乐，到支付。这种颠覆本质上不是技术创新带来的颠覆，而是技术应用对原有生活模式的颠覆。

回到比特币和比特币底层的区块链系统。有人说，区块链所用的技术，都是20世纪90年代的技术。我原则上同意这个观点。比特币以及区块链所采用的核心技术，确实都是源自上个世纪。尽管区块链里面有一些技术关键点需要突破，但区块链引起这么大的反应，全世界几乎所有主要国家，重要的企业和部门，都投入了大量人力、物力和财力，关注区块链，跟踪区块链的发展，他们这样做的原因也不仅仅是因为技术。

区块链通过将原本存储在中心节点的数据，在全网所有节点内进行一致性传输和冗余存储，确实消耗了太多的带宽、存储和计算资源。因此，从效率上来讲，区块链系统是低效的。这样一种系统，尽管具有去中心化、去信任、系统集体维护、数据不可篡改/不可伪造、数据可追溯等一系列特点，但这些特点都是以大量消耗资源为前提和代价的。

也有人说，区块链能够完成的任务，用传统的信息技术也可以完成。

确实，单纯从信息技术的角度，现在大部分用区块链系统完成的任务，传统的中心化系统同样可以完成，甚至可以完成得更加高效。

那么，这种低效的系统，到底能给我们的生产生活带来哪些影响和变化呢？我们为什么需要这种低效的系统？不要这种低效的系统，到底行不行？

要理解这些问题，我们必须回到信息经济学的范畴。不论传统的信息系统，还是人们的日常生活，都存在着大量的信息不对称。这种信息不对称，有一部分是由于人们的时间精力局限造成的，简单说就是信息尽管是公开的，但由于时间和精力有限，我们不可能对这些信息都进行吸收消化。另一部分是由于数据的独家占有造成的，即这些数据是由一些组织或机构占有，并不对其他人开放。

正是由于对这些独家占有数据的组织和机构不信任，中本聪才设计出了比特币系统。这种系统，将原来存储在中心节点的数据，进行全网范围内的一致性分发和冗余存储，剥夺了原来中心节点的数据独家占有权，降低甚至消除了信息不对称，由此为业务流程的优化和社会组织的重构，提供了信息技术上的基础。这个功能，是传统的中心化信息系统不具备的。

区块链是一个信息系统架构。信息系统架构仅仅解决了信息流向问题，而不能解决信息系统架构之上的业务流程优化和社会组织重构问题。但这样一个系统架构，为整个社会的生产生活从中心化他组织，向去中心化自组织过渡提供了信息系统上的组织结构基础。

当前，区块链距离人们的生产生活尚有一大段距离。这主要是因比特币为代表的区块链1.0系统，和以以太坊为代表的区块链2.0系统，都是针对人类生活中某一特定场景而设计的，这种架构，并不是放之四海而通用的。因此，我们需要进一步针对人类的生产生活场景，对已经形成的区块链系统架构进行解构，并与其他技术相结合，进行技术的再结构，更加高效地去满足更多现实生产生活场景的需要。同时，将区块链信息系统的特点特征及其实现的技术方法进一步抽取出来，去形成未来针对某一大类场景的信息基础设施，也是值得研究和努力的方向。

区块链仅仅提供了一种底层信息系统架构，如何在这个信息系统架构基础上，促进数据共享、优化业务流程、降低运营成本、提升协同效率、建设可信体系，都是需要深入研究的课题。以上每个领域目前存在哪些问题，问题症结在哪里，改变的推动力量在哪里，过程如何进行和展开，也都需要进一步深入研究和剖析。

本书具有较强的专业性和学术性。立足于学术研究和分析，得出了公有链不具有发展前景、联盟链是未来发展方向、通证的作用在于实现业务流程优化。本人力求用通俗易懂的语言，对链改是什么以及如何实施链改进行了深入分析，对区块链项目评价和项目发展、区块链行业特点和行业发展趋势、区块链的通证和区块链链改、数字货币和数字货币交易以及区块链安全创新等方面分别进行了阐述，最后对数字货币的实质和发展以及区块链系统面临的安全问题进行了阐述。区块链并不解决安全问题。区块链与其他重要信息系统一样，面临着同样的安全问题。利用主动免疫可信计算技术保护区块链，是解决区块链系统安全的必由之路，也是区块链系统更好地发挥作用的前提，本书对此有透彻的分析。

本书是我一年时间里在专业财经网络以及媒体发表对区块链本质特点和发展规律的认知的结集文字。本书里面的文字，得到了诸多专业领域以及大部分读者的认可。希望本书能起到抛砖引玉的作用，在区块链价值创造和行业发展方向引发更多的讨论和进一步的深入思考，同时也希望本书能够得到广大领导、专家和读者的批评指正！

高承实

2019 年 12 月